Wilhelm von Scherff

Praktische Taktik und taktische Theorie

Polemische Betrachtungen über reglementarische Fragen

Wilhelm von Scherff

Praktische Taktik und taktischeTheorie
Polemische Betrachtungen über reglementarische Fragen

ISBN/EAN: 9783744609661

Hergestellt in Europa, USA, Kanada, Australien, Japan

Cover: Foto ©Andreas Hilbeck / pixelio.de

Weitere Bücher finden Sie auf **www.hansebooks.com**

Inhalts-Verzeichniß.

		Seite
1.	Einleitung	5
2.	Das Militair-Wochenblatt und die Theorie	7
3.	Die reglementarischen Mittel und ihre Natur	14
4.	Das Militair-Wochenblatt und das concrete Beispiel der „Reglementarischen Studien"	21
5.	Die Durchführung des Militair-Wochenblattes	32
6.	Mißverständnisse	45
7.	Die Malachowski'sche „Scharfe Taktik" und die „Reglementarischen Studien"	60
8.	Die verschiedenen Vorschläge für ein reglementarisches Angriffs-Verfahren	81
9.	Schlußwort	105

1. Einleitung.

Das Exercier-Reglement 1888/89 hat die Frage nach dem Friedens-Ausbildungsmodus der Infanterie für den Kampf zur Zeit zwar praktisch gelöst, theoretisch kann aber trotzdem der Meinungsstreit, welcher seit zwanzig Jahren die Geister in Betreff dieser Ordnung bewegt, noch nicht als endgültig ausgefochten betrachtet werden.

Je höheren Werth gerade dieses neue Reglement auf die Urtheilsfähigkeit der niederen Führung legt, desto nothwendiger indeß erscheint es mir, daß auch schon auf dem Felde reglementarischer Thätigkeit eine volle Klarheit der Begriffe geschaffen wird.

Ich kann mich der Auffassung gewisser Kreise nicht anschließen, nach welcher es heutzutage überhaupt nicht mehr auf reglementarische Bestimmungen und Verfahrungsweisen ankomme und eine „intelligente höhere Führung" mit jedem Reglement auskommen müsse; bin vielmehr im Gegentheil der Ansicht, daß je größer das Massenaufgebot zukünftiger Kriege werden soll, desto wichtiger die Frage geworden ist, wie diese Schaaren für ihre Verwendung auf dem Schlachtfelde vorbereitet erscheinen?

Dem Bestreben, die in dieser Richtung sich noch schroff einander gegenüberstehenden Anschauungen zweier „Schulen" zu klären und womöglich zu versöhnen, sind meine „Reglementarischen Studien" entsprungen.

Daß der von mir in diesen Untersuchungen, auf Grund persönlicher Erfahrung und langjähriger theoretischer Beschäftigung mit diesen Fragen, eingenommene Standpunkt von vielen älteren und jüngeren Offizieren, und darunter von nicht wenigen getheilt wird, deren Namen in unserer Kriegsgeschichte oder in unserer Militairliteratur einen hellen Klang hat, konnte mich nur in dem Entschlusse bestärken, meine Auffassung von der Sache auch denen gegenüber zu vertreten, welche dieselbe annoch zurückweisen zu müssen glauben.

Für diesen Zweck erschien mir der polemische Weg um deswillen am geeignetsten, weil er am sichersten die Aufklärung von Mißverständnissen gestattet, welche, bewußt oder unbewußt, den Streit auf ein Gebiet zu übertragen drohen, dem schwerlich gute Früchte für das Ganze entsprießen könnten.

Es kam hinzu, daß die von verschiedenen Seiten empfundene Nothwendigkeit, auf die Studien zu antworten, diese Bahn schon dadurch geebnet hatte, daß auch die gegnerischen Ansichten, klarer als das bisher der Fall war, haben zum Ausdrucke gebracht und eingehender haben begründet werden müssen, und daraus eine Polemik sich gewissermaßen bereits von selbst entwickelt hat.

Zwei literarische Erscheinungen des letzten Sommers sind mir als ganz besonders geeignet aufgefallen, um solche polemischen Betrachtungen an ihre Auseinandersetzungen anzuknüpfen, und so zu weiterer Erörterung einer Frage anzuregen, welche auch von diesen Gegnern als die nahezu wichtigste für unsere infanteristische Zukunft angesehen wird.

In erster Linie ist es das Referat des Militair-Wochenblattes über die Reglementarische Studie V, in den Nummern 42—44, 1892, welches in dem, der Auffindung eines gemeinsamen Standpunktes nur förderlichen objectiven Bestreben, den Kampf auf dem Felde logischer Begründung aufzunehmen, meinen Absichten auf halbem Wege entgegenkommt.

Nicht minder nützlich für die Klärung der Begriffe wird sich aber auch das Buch: „Scharfe Taktik und Revuetaktik im 18. und 19. Jahrhundert" des Oberstlieutenant D. von Malachowski erweisen, in welchem der Herr Verfasser die „Scherff'sche Revuetaktik" vom subjectiv-historischen Boden aus, allerdings nur auf Grund dieses Namens abthut, ohne sich auf den Inhalt der Studien einzulassen.

Beide Abhandlungen stellen sich, trotz mehrfacher grundsätzlicher Widersprüche gegen das Reglement 1888, dennoch rücksichtslos auf seinen Boden und bieten damit in ihrer Ausführlichkeit ein wohl erschöpfendes Gesammtbild aller derjenigen Gedanken und Auffassungen, welche dieses Reglement auf kampftaktischem Gebiete gezeitigt hat.

An der Hand dieser beiden einander wieder ausschließenden Gegenschriften werde ich meine Auffassung von der Infanterietaktik im Ernstfalle und auf dem Uebungsfelde weiter zu begründen suchen.

Wenn ich dabei ausführlicher auf schon an andern Orten Gesagtes zurückzukommen genöthigt bin, so bietet dieser Umstand mir doch vielleicht auch die günstige Gelegenheit, meine Ansichten in einer immer allgemein-verständlicheren Weise, wie seither, vorbringen und so vielleicht auch diejenigen in den Kreis dieser Erörterungen hineinziehen zu können, welche ein sachliches Eingehen darauf, wegen der „Unbehülflichkeit der Sprache in den Studien", bis jetzt für überflüssig erklärt haben.

Ich beginne mit den Differenzpunkten zwischen meinen und den Anschauungen des Militair-Wochenblattes, das Malachowski'sche Buch einer besonderen Würdigung vorbehaltend.

2. Das Militair-Wochenblatt und die Theorie.

Ein erster Punkt, über welchen mit dem Herrn Referenten des Militair-Wochenblattes zu einem „gemeinsamen Standpunkte" zu gelangen, nothwendig, aber auch vielleicht um so eher möglich erscheint, als dieses Bestreben dortseits selbst, schon durch die Studie V für „bedeutend gefördert" erachtet wird: betrifft die Bedeutung der Theorie in der vorliegenden Frage.

In der Besprechung der Studien I—IV in der Nummer 79, 1891, des Militair-Wochenblattes war mir nämlich seiner Zeit vorgehalten worden, daß „die ganze (!) militairische Wissenschaft, Erfahrungswissenschaft" sei, welche „nicht abstract aufgebaut, sondern nur (!) aus den Erfahrungen des Krieges abgeleitet" werden könne!

Diese doppelte Betonung der Erfahrung, ausdrücklich als Gegensatz hingestellt zu dem von mir eingeschlagenen und vom Militair-Wochenblatt für „nicht richtig" erklärten Wege eines logischen Aufbaues meiner reglementarischen Forderungen auf dem Boden „theoretischer Schlußfolgerungen", hatte mich — doch wohl nicht ganz ohne Berechtigung — zu der, dann von mir in Studie V bekämpften, Auffassung geführt, daß damit überhaupt jeglicher Einfluß „theoretischer Abstractionen", mindestens auf „reglementarische" Fragen, habe abgelehnt werden sollen.

Gegen diese Annahme verwahrt sich nunmehr die Nummer 42, 1892, des Wochenblattes in folgender Weise:

> „Zunächst müssen wir uns über den Begriff ‚Erfahrungswissenschaft' verständigen. Ja, die ganze militairische Wissenschaft, der Krieg mit allen seinen Mitteln und Vorbereitungen ist nur Erfahrungswissenschaft gegenüber den Wissenschaften, die ihre Lehrsätze unabhängig von aller Erfahrung a priori aufstellen, wie die Mathematik.
>
> Kant in seiner Einleitung zur ‚Kritik der reinen Vernunft' erklärt diesen Unterschied folgendermaßen: ‚Wir werden unter Erkenntnissen a priori nicht solche verstehen, die von dieser oder jener, sondern die schlechthin von aller Erfahrung unabhängig stattfinden. Ihnen sind die empirischen Erkenntnisse oder solche, die nur a posteriori, das ist durch Erfahrung, möglich sind, entgegengesetzt.'
>
> Alle die Dinge, mit welchen sich die militairische Wissenschaft beschäftigt, kennen wir nur aus Erfahrung, das gilt auch von den Streitmitteln, welche noch nicht in einem Kriege erprobt sind. Ihre Wirkung lernen wir nur durch Versuche, durch Erfahrung kennen. Das wird zur Rechtfertigung genügen, daß die militairische Wissenschaft eine Erfahrungswissenschaft genannt ist.
>
> Weit entfernt sind wir von der Behauptung, daß theoretische Schlußfolgerungen kein brauchbarer Weg sind; schließen uns hingegen den auf Seite 7 (der Studie V) aus Klausewitz gefolgerten Sätzen an:
>
> ‚Schlußfolgerungen aus der Kriegserfahrung sind nur angängig — mit Hülfe der Kritik; Kritik ist nur möglich — mit Hülfe der Theorie; die Theorie besteht in der Untersuchung der Natur der Mittel im Kriege auf Ursache und Wirkung hin.'"

Nun: da, wie man mir wohl glauben wird, auch ich die „Kriegskunst" für keine „a priori Erkenntniß" oder „von aller Erfahrung unabhängige Wissenschaft", wie die Mathematik im Kant'schen Sinne halte; ich vielmehr gleichfalls der Ansicht bin, daß, wer in kriegerischen Dingen keine praktische (wenn auch nur selbsterworbene Friedens-) Erfahrung hat, bezüglich, wer praktisch darin nichts zu leisten vermöchte, auch kaum im Stande sein wird, die kriegerische Theorie zu fördern, so wäre damit mindestens, zunächst der Theorie an sich gegenüber, unser gemeinsamer Standpunkt gefunden.

Ueber den Unterschied, der darin liegt: die militairische Wissenschaft eine „Erfahrungswissenschaft" zu nennen, oder zu sagen, „sie kann nur aus der Erfahrung abgeleitet werden," — mag der Streit ruhen.

Wie diese Theorie selbst, nach den Schlußfolgerungen des Wochen=
blattes oder der Studien, sich praktisch zu gestalten hat, wird ja
recht eigentlich den Kernpunkt unserer polemischen Erörterungen bilden.

Zunächst kommt es hier nur darauf an, die beiderseitige Ueber=
einstimmung schon darin zu constatiren, daß die Nutzanwendung
dieser „möglichen" Theorie auch nach Ansicht des Militair=Wochen=
blattes nur in einer „Methode, als allgemeine Ausführungsart
vorkommender Aufgaben" zum Ausdrucke kommen kann.

Der Herr Referent sagt in dieser Beziehung ausdrücklich:

> „Den Ausspruch des Generals von Klausewitz über Methoden,
> welchen der General von Scherff anführt, um seine Gegner zu schlagen,
> betrachten auch wir als grundlegend für alle Zeiten nach dieser
> Richtung hin, und setzen ihn ebenfalls als ein Grundgesetz hierher."
> (Folgt das volle Citat aus Studie V.)

Er fährt dann fort:

> „Eine Methode wird sich für unser Angriffsverfahren in der Zeit
> fraglos herausbilden; es fragt sich nur, ob die Scherff'sche Methode
> die richtige ist, ja ob überhaupt schon die Zeit für eine solche ge=
> kommen ist?
>
> Unser ursprünglicher Wunsch nach einer Methode beim Erscheinen
> des jetzigen Reglements war wohl verfrüht, und zwar aus dem
> Grunde, welchen General von Bronsart in seiner ‚zeitgemäßen Fecht=
> weise der Infanterie' gegen ein Normalverfahren anführt: daß von
> den etwa zu einer Conferenz darüber Zusammenzurufenden soviel
> Meinungen als Köpfe zu erwarten gewesen sein würden, die unter
> einen Hut zu bringen, der General für unmöglich erachtet hat."

Der in Studie V dieser Bronsart'schen Auffassung gegenüber
geltend gemachten Besorgniß, „was aus einem solchen Chaos der Ideen
im Ernstfalle Anderes erwachsen könne, als das Chaos der Thaten?"
und meiner dortigen Behauptung, daß „dieses Chaos nur aus dem
Mangel an einer vernünftigen und brauchbaren Theorie und der
daraus allmählich hervorgewachsenen Geringschätzung aller Theorie
an sich, entspringen" sei, wird dann schließlich die Auslassung ent=
gegengestellt:

> „Nicht die Theorie wird gering geschätzt, aber weil es soviel Mei=
> nungen als Köpfe giebt, konnte bislang noch nicht eine vernünftige,
> brauchbare taktische Theorie festgelegt werden. (!)

Um das Chaos der Thaten zu verhindern, haben wir keinen andern (!) Weg, als die häufige Uebung von Angriff und Vertheidigung mit größeren Massen im Rahmen einer gedachten Schlacht. ‚Mehr verlange aber auch ich nicht' sagt der General von Scherff breit gedruckt, und insofern sind wir einig.

Mag es bei der einen Truppe so, bei der andern anders geübt werden thatsächlich giebt es ja ein überall verschiedenes Verfahren — mit der Zeit wird sich eine ‚vernünftige, brauchbare Theorie' herausschälen, die durch Gefechtslehre und Reglement festgelegt werden wird.

Das augenblickliche Chaos ist etwas sehr Unbequemes, dergleichen ist aber als Uebergang nie zu vermeiden gewesen!"

Zunächst ist aus diesen Sätzen der abermalige Einklang unserer beiderseitigen Anschauungen dahin hervorzuheben, daß auch der Referent des Militair-Wochenblattes:

1. nicht nur eine feste M e t h o d e für unser Angriffsverfahren als nothwendig anerkennt; sondern
2. eine solche Methode im Reglement 1888/89 auch seinerseits noch nicht für festgelegt erachtet, vielmehr erst „in der Zeit" erwartet: und
3. den G r u n d für das als thatsächlich bestehend anerkannte Chaos in dem zugestandenen Mangel an einer brauchbaren T h e o r i e erblickt!

Wenn er dann aber weiter die Abhülfe gegen diese auch von ihm als solche empfundenen Mißstände:

4. mit der Zeit von häufigen Uebungen in größeren Massen im Rahmen einer gedachten Schlacht erhofft,

so scheiden sich damit unsere Wege, trotzdem er gerade dieser Forderung gegenüber aus meinem citirten Ausspruche: „mehr (als solche Uebungen großen Styles) verlange auch ich nicht" geglaubt hat folgern zu können, daß wir „insofern einig" seien.

In der Nothwendigkeit der Uebungen — ja! in den daran von ihm geknüpften Hoffnungen — nein!

Man wird mir zugeben müssen, daß Uebungen in irgend einer Kunst ohne (sei es auch nur auf eine gesunde Theorie gestützte Selbst-) Kritik darüber: ob dabei „richtig oder falsch", „zweckmäßig oder unzweckmäßig" u. s. f. verfahren wird? lediglich in die Kategorie von „Beschäftigungen" fallen, aus denen nicht einmal etwas zu lernen ist, geschweige daß sie etwas lehren könnten.

Nun ist aber Kritik ohne Theorie, auch nach des Referenten Zugeständniß an Klausewitz — nicht möglich; eine allgemeingültige Theorie in dieser Frage, nach seiner eigenen Angabe — noch nicht festgelegt.

Seine „häufigen Uebungen" unterliegen deshalb zur Zeit auch nur der Kritik von „so vielen Köpfen", als der Uebende wechselnde Vorgesetzte hat, deren „verschiedene Meinungen" über die Kriegsbrauchbarkeit des im Allgemeinen oder im Besonderen innezuhaltenden Angriffsverfahrens „unter den Hut einer Theorie zu bringen" bis zur Stunde für unmöglich erklärt ist und erst mit der Zeit von jenen Uebungen erwartet wird.

Thatsächlich erfordert es nun aber doch den ganz gleichen Geistesproceß, kommt es doch offenbar auf dasselbe heraus, ist nicht leichter oder schwerer, wahrscheinlicher oder unwahrscheinlicher: ob man sich über

    verschiedene Meinungen, wie die Truppe kriegsgemäß praktisch geübt werden muß?

oder darüber zu einigen hat:

    welche unter den verschiedenen praktischen Uebungen der Truppe kriegsgemäß sind und welche nicht?

Jede Ansicht läßt sich ja leicht in eine praktische Uebung übersetzen, und jede Uebung soll doch mindestens auf einer motivirten Ansicht fußen.

Ich verstehe deshalb auch nicht, was bei solchem Einigungswerke, — vorausgesetzt nur, daß man es ernstlich anstrebt, — die Zeit zu thun haben soll? und worauf sich die Hoffnung des Referenten stützt: in der Zukunft einen Weg sich von selbst ebnen zu sehen, den er mit General von Bronsart I für die Gegenwart als ungangbar bezeichnet hat?

Aus dem ganzen Zusammenhange seiner Auseinandersetzungen geht doch hervor, daß er mit der „Festlegung" von Theorie und Methode nicht etwa deshalb warten will, weil er zur Zeit die „Versuche" mit der neuen Waffe, mit dem rauchschwachen Pulver oder dergleichen noch nicht für abgeschlossen oder die umwälzende Einführung wieder eines neuen Gewehrs für nahe bevorstehend hält!

Offenbar weichen auch darin unsere Ansichten nicht von einander ab, daß wir beiderseits die neue Theorie, die zeitgemäße Methode, im Großen und Ganzen auf die moderne „weittragende gezogene Hinterladungswaffe" (im Gegensatze zu dem alten glatten Vorderlader) basiren zu müssen glauben, und in „Kleinkaliber, Mehrlader, neuem Pulver" u. dgl. nur höchstens Gründe für gewisse Nüaucirungen, nicht aber Fundamente für das heutige Angriffsverfahren erblicken.

Das Material zur Urtheilsbildung über Theorie und Methode liegt also doch seit einigen zwanzig Jahren fertig vor, und wenn der Herr Referent jetzt noch von einem „Uebergangsstadium" glaubt sprechen zu dürfen, wo doch selbst das neue Reglement auch schon seit vier Jahren functionirt, so frage ich ihn: wie lange sollen und können wir denn noch auf den Abschluß und darauf warten, daß aus der Fülle der „thatsächlich verschiedenen Uebungen" sich von selbst die auch von ihm verlangte eine brauchbare Theorie und eine kriegsgemäße Methode „herausschält"?

Steht nicht zu befürchten, daß über dem Hoffen und Harren auf eine immer noch nicht gefundene theoretisch wohlfundirte Kritik über jene Uebungen uns eines Tages die Kritik der Thatsachen überrascht, die freilich Viele ja für die „einzig berechtigte" ansehen!

Aber selbst von dieser Kritik behaupte ich, daß sie uns keine klare Theorie und keine feste Methode bringen kann, wenn wir sie beide nicht auch noch außerdem auf dem Wege überzeugender Gründe erringen, durch welche die verschiedenen Meinungen unter einen Hut gebracht werden.

Auch im Ernstfalle ist es durchaus nicht ausgeschlossen, daß ein „an sich falsches" Verfahren dennoch da oder dort Erfolge davontragen und damit zu einer typischen Geltung gelangen könnte, die trotzdem ungerechtfertigt wäre; daß umgekehrt eine „an sich praktische" Methode lediglich deshalb erfolglos bleibt, weil sie nur vereinzelt zur Anwendung hat gebracht werden können.

Gerade deshalb verlangt ja Klausewitz für die „Schlußfolgerungen aus der Kriegserfahrung" den kritischen Weg, und für die „Kritik" — die theoretische Grundlage.

Aber selbst zugegeben, daß wirklich der nächste Krieg — jedenfalls immer zu spät, um noch Gemeingut der Infanterie werden zu können! — uns „ein der Natur der angewandten Mittel durchweg entsprechendes Angriffsverfahren als allgemeingültige Art der Aus=

führung" gebracht hätte, so ist doch mit Bestimmtheit zu erwarten, daß nach dem Kriege sich die „Natur der Mittel" wieder ändern, eine Neubewaffnung eintreten wird u. dergl. m., und daß dann die auf die „letzte" Erfahrung gegründete „Methode" alsbald wieder durch die „allerletzten noch nicht kriegserprobten" Mittel überholt sein wird.

Dann beginnt also das Spiel von Neuem: aus der Fülle verschiedentlichster Uebungsversuche sich die Art und Weise „herausarbeiten" zu lassen, wie denn nunmehr der Angriff sich an den Feind „heranarbeiten" soll, um wieder nur bis zum übernächsten Krieg zu derselben Unfruchtbarkeit in Betreff einer „festgelegten Theorie und Uebungsmethode im Frieden" zu führen, welche der Referent im gegenwärtigen Augenblick beklagt.

Es giebt nun einmal keinen andern Ausweg aus diesem fehlerhaften Kreislaufe, als entweder:

> mit den Waffen logischer Gründe diesen bestehenden Meinungsstreit bis zu einem **wissenschaftlich** anerkannten Frieden durchzuführen, oder
>
> mit der Schule des Exercierreglements 1888/89 es als ausreichend anzuerkennen, wenn „**thatsächlich** bei der einen Truppe so, bei der andern anders verfahren wird" und jede neuauftretende Meinung eines Einzelnen dieses „so und anders" wieder umgestaltet und gestalten darf.

Der Referent des Wochenblattes empfindet dieses Verhältniß als eine „Unbequemlichkeit" — ich nenne es mit vielen Andern eine Gefahr! — und sagt mit Bezug auf das „augenblickliche Chaos", d. i. eben das Fehlen einer allgemein anerkannten Theorie und eines allgemein gültigen Verfahrens:

> Sehr Recht hat daher der General von Scherff, daß es gilt einen gemeinsamen Standpunkt zu gewinnen."

„Insofern sind wir also einig!" sage ich jetzt meinerseits, und gerade in diesem Geiste begrüße ich mit Freuden die durch die Studien hervorgerufene Polemik, als einen wichtigen Fortschritt im Kampf gegen das — Chaos.

Ehe ich in diesem Kampfe mich gegen die bewußten Vertreter dieser Schule wende, will ich versuchen, mir darin die — annoch freilich etwas widerwillige — Bundesgenossenschaft des Militair-Wochenblattes durch eine Sonder-Polemik über die Artikel in Nummer 42—44 zu gewinnen.

3. Die reglementarischen Mittel und ihre Natur.

Der Referent des Militair-Wochenblattes erwartet, wie wir gesehen, mit der Zeit eine „vernünftige, brauchbare Theorie" und aus ihr heraus eine „kriegsbrauchbare Methode", welche dann in „Gefechtslehre und Reglement festgelegt" werden sollen.

Obgleich er es nicht ausdrücklich ausspricht, erkennt er doch durch diese doppelte Forderung von „Gefechtslehre und Reglement" mindestens indirect den von mir in der ersten Studie hervorgehobenen Unterschied zwischen „Gefecht und Kampf" an und steht auch seinerseits damit auf dem Standpunkte, daß es sich in einem **Reglement** nur um die Durchführung eines Frontal-Kampfes, bezw. Angriffes an bestimmtem Orte, zu bestimmter Zeit handeln kann (s. Stud. I).

Es ist durchaus nothwendig, daß wir uns zweifelsfrei auch über diesen Punkt verständigen, wenn eine Verständigung überhaupt angestrebt wird, weil — wie ich immer wiederhole — gerade die absichtliche oder unabsichtliche Vermengung dieser Begriffe die Hauptschuld an dem seitherigen „Mangel einer klaren Theorie und bestimmten Methode" getragen hat und trägt.

So betone ich hier abermals, daß ich einen wesentlichen Grund für das vom Referenten beklagte Chaos auf dem Exercierplatze (ebenen, wie bedeckten) darin finde, daß man hier immer wieder „Gefechts-" statt lediglich „Kampf-Ideen" zur Darstellung bringen will, die eben da „undarstellbar" sind.

Was sind denn die mit Recht so verrufenen „Türken" anderes, als meist solche verunglückten Versuche, die „gefechtsgerechte Combination einzelner Kampfacte" (Frontal- und Flankenangriff, Hinhaltung und Entscheidung u. dergl m.) auf einen Raum und in einer Zeit zusammenzudrängen, die Angesichts der heutigen Bewaffnung solche „Bilder" zur Posse machen.

Auf dem Exercierplatze (auch im wechselvollsten Gelände) kann man eben immer nur die reglementarische Gewandtheit einer

Truppeneinheit in ihrer raschen Entwicklungsfähigkeit nach jeder Seite hin und in der Durchführung einer bestimmten Kampfaufgabe, niemals aber das taktische Verständniß ihrer Führung üben und prüfen, ohne daß derselben ein selbständig gegenthätiger Feind gegenübersteht (s. Stud. IV.).

Auch darum haben Boguslawski, Goltz, Meckel, Hoenig u. A. so Recht, wenn sie die Art unserer Besichtigungen mitverantwortlich für unsere Ausbildung erklären.

Nach Alledem darf ich mich jetzt aber wohl auch dem „Wochenblatt" gegenüber, an den „gemeinsamen Standpunkt" halten, daß es sich in unsern Erörterungen immer nur um die Festlegung einer „Theorie und Methode" für die Durchführung **eines** Frontalangriffes handelt.

Beiderseits ist anerkannt, daß solche Theorie aus der „Untersuchung der Natur der Mittel, welche für den gewollten Zweck in Thätigkeit zu treten haben", hervorgehen muß.

Nun erhebt in Bezug auf diese Untersuchung der Referent des Wochenblattes zunächst den Vorwurf, daß ich in den Studien:

> „bei der Aufführung des Gebäudes eines Normalverfahrens (in Stud. II, 3) die ‚Natur der Mittel' der neuen Streitmittel, sowie die Erfahrungen des Krieges nicht allseitig genug berücksichtigt",

und er deshalb meine Schlußfolgerungen (in Nr. 79, 91) als „abstract, philosophisch, scholastisch" hätte bezeichnen müssen.

Er findet weiter, daß ich

> „den Schwerpunkt der ganzen Studien auf das einheitliche Verfahren gelegt"

habe, von dem er meint, daß dasselbe zwar

> „eine sehr wesentliche Bedingung des Erfolges in der Zukunftsschlacht, aber doch nur eine Bedingung unter vielen anderen"

bilde.

Daran knüpft sich dann der wiederholte Vorhalt, daß, weil (!) ich

> „das Normalverfahren, durch welches allein ein einheitliches Verfahren ermöglicht werden soll",

als

> „etwas bestimmt Feststehendes"

bezeichne, dasselbe damit (!)

> „als starres Schema", „als algebraische Formel für das Schlachtfeld"

charakterisirt sei, von dem in Nr. 79, 1891, (mit Recht) gesagt werde:

„vergeblich suchen wir in den Studien danach, wie sich der Verfasser den Normalangriff in bedecktem Gelände denkt?"

Man sieht, es sind ziemlich vielseitige Vorwürfe, die den Studien hier gemacht werden, die ich nacheinander zu beantworten versuchen will.

Zunächst das „starre Schema" und die „algebraische Formel"! Ich weiß nicht, in wie weit der Herr Referent gewillt ist, diese Ausdrücke auch auf die in der Armee letztgeübte „Compagniecolonnen= Taktik" oder auch nur auf die „Brigadeordnung" der Reglements von 1812 und 1846 anzuwenden? Jedenfalls aber weiß er aus dem ihm vorliegenden Texte meiner Vorschläge (s. Stud. II, 3), daß ich der „Anpassungsfähigkeit der Form an die Umstände" (namentlich auch: an das Gelände!) darin einen sehr wesentlich weiter be= messenen Spielraum eingeräumt habe, als jene Vorschriften ihn boten; wenn ich auch freilich darin nicht so weit gegangen bin, wie das Reglement 1888, welches in dieser Richtung überhaupt keine Grenzen kennt.

Ich hätte deshalb wohl gewünscht, daß der Verfasser, der doch mit logischen Gründen zu fechten beabsichtigt, und der selbst „die reglementarische Festlegung einer Angriffsmethode", also doch auch „etwas bestimmt Feststehendes" anstrebt, solche Metaphern denen über= lassen haben würde, welche nur mit Worten kämpfen müssen, weil ihnen die stichhaltigen Beweise fehlen.

Man wird es mir unter solchen Verhältnissen nicht verargen können, wenn ich über „Schema" und „algebraische Formel" ohne Er= widerung fortgehe. (s. Stud. I, 7).

Nicht wesentlich anders steht es mit dem Vorwurf, daß man sich nicht vorstellen könne, wie ich mir mein Normalverfahren im be= deckten Gelände dächte?

Ich meine doch hier sehr deutlich gesagt zu haben:

daß ich die Ausnutzung von Geländebedeckungen rückhaltslos gestatte und verlange, wo sich dergleichen auf dem Wege geradeaus zum Ziele bieten; daß ich aber allerdings fordere, daß diese Aus= nutzung seitens eines einzelnen Bruchstückes der einen Gesammt= Angriffstruppe niemals so lange dauern dürfe, daß dadurch die ununterbrochene Gesammtvorwärtsbewegung des Angriffes in's Stocken gerathen oder der Zusammenhang in vorderster Schützenlinie abreißen könnte; bezüglich, daß, wo das eben dennoch geschieht, die Unterstützungen alsbald eingreifen müssen, um über solche Schwächemomente fortzuhelfen."

In Raum und Zeit (s. Kant, Einleitung zur „Kritik der reinen Vernunft") habe ich damit allerdings der „Geländeausnutzung" Schranken gezogen, über deren „Berechtigung oder Nichtberechtigung" sich auseinanderzusetzen, das Ziel unserer angestrebten „Einigung" bilden soll.

Wer aber diese Schranken sich nach meiner Beschreibung nicht „vorstellen" kann, dem kann ich leider auch ein so beschränktes Normal-Verfahren nicht in irgend einem Gelände „vormachen" lassen; ich muß ihn darauf vertrösten, daß sich vielleicht später (s. 8) bei Gelegenheit des beabsichtigten Vergleichs zwischen den verschiedenen Manieren das Mittel findet, auch hierüber in's Klare zu kommen.

Schwerwiegender, als die beiden bis jetzt besprochenen Einwände, erscheint nun allerdings der Vorwurf, die Untersuchung der Natur der Mittel zur Durchführung eines Frontalangriffes „nicht allseitig genug" vorgenommen zu haben.

Zunächst bemerke ich in dieser Beziehung, daß auch ich noch „andere Bedingungen des Schlachterfolges" anerkenne, als nur die „einheitlich geregelte Methode" für die Durchführung eines Angriffes, wenn ich auch allerdings für diese letztere — „den Schwerpunkt in der Einheitlichkeit des Verfahrens" suche.

Ich kann nicht annehmen, daß der Herr Referent, wenn er meine Studien I—IV gelesen hat, die mir hier vorgehaltene Unterlassungs-sünde darin gefunden hat, daß ich diese strategischen und Einflüsse der höheren Gefechtsführung auf den Schlachterfolg an dieser Stelle außer Ansatz gelassen habe.

Hat er aber darunter wirklich verstanden, daß ich mich gegenüber der Frage nach der Wahl bez. Bestimmung eines günstigen Ge-ländes für den Angriff allzusehr zurückgehalten, ihr nicht den nöthigen Einfluß auf mein Normalverfahren eingeräumt habe — so findet er die Antwort darauf, warum ich diesen Factor nicht in Rechnung gestellt, wiederum in dem Text der Studien I—IV, wo ich mich des Ausführlichsten bemüht habe, auseinanderzusetzen, daß solche Wahl der Angriffsrichtung nichts mit dem Angriffsverfahren an sich zu thun habe, welches eben in „günstigem" wie in „ungünstigem Gelände" müsse functioniren können.

Da es ja aber immerhin möglich wäre, daß ich dennoch einen wesentlichen Punkt vergessen hätte, so will ich hier kurz diejenigen „Mittel" und diejenigen ihrer „Eigenschaften" (Natur) aufführen, deren Untersuchung auf meine Schlußfolgerungen von Einfluß gewesen sind.

Die Mittel, die in einem Frontalangriff in Wirksamkeit zu treten haben, erschöpfen sich meines Erachtens in:
1. dem Menschen als Einzelstreiter,
2. seiner Bewaffnung im Gegensatze zur gegnerischen,
3. dem zu durchschreitenden Gelände, und
4. der Truppe, als der zur einheitlichen Durchführung eines Angriffes von oben bestimmten Zusammenfassung aller Einzelstreiter.

Die Natur dieser Mittel kommt dann meines Erachtens für den vorliegenden Zweck (!) nur unter folgenden Gesichtspunkten in Betracht:
1. beim Menschen in Bezug auf seine (Durchschnitts-) physischen (Körper-), moralischen (Willens-) und intellectuellen (Verstandes-)Kräfte;
2. bei der Waffe, als Feuerwaffe, in Bezug auf ihre Tragweite und Treffsicherheit (nur nebensächlich auch Durchschlagskraft);
3. beim Gelände in Bezug auf die von ihm gebotene oder nicht gebotene Deckung (nur negativ in Bezug auf seine Ungangbarkeit als Bewegungshinderniß);
4. bei der Truppe in Bezug auf das Zusammenwirken ihrer Einzelglieder im Neben- und Hinter- (damit auch Nach-)einander, oder mit andern Worten in Bezug auf ihre Breiten- und Tiefengliederung. (Entwicklung und Verfahren.)

Ich glaube nicht, daß man noch andere Mittel und an denselben noch andere Eigenschaften wird entdecken können, welche von maßgebendem Einflusse auf die „Theorie und Praxis" eines Frontal-Angriffes zu werden vermöchten.

Nun liegt bekanntlich die Hauptschwierigkeit für die Durchführung eines Angriffes darin, daß jene maßgebenden Einflüsse auf seinen Erfolg sich vielfach diametral widerstreben, die Ausnutzung der guten Eigenschaften des einen Mittels, die günstigen Wirkungen der Eigenschaften des andern Mittels oft geradezu aufheben, und es deshalb jedesmal eines vernünftigen Ausgleiches dieser Gegensätze bedarf, um zum gewollten Ziele zu gelangen.

In solchem Gegensatze zu einander stehen (seit Einführung der Feuerwaffe) vor Allem die Anwendung bez. Ausnutzung von:

Feuer und Bewegung,
Geländebedeckung und Geschlossenheit der Truppe,
Selbständigkeit und Zwang für den Einzelnen

in dem einzuhaltenden Verfahren.

In den Reglementarischen Studien glaube ich nachgewiesen zu haben, inwiefern und warum heutzutage diese Gegensätze ihren schärfsten Ausdruck in dem Widerstreite zwischen

Deckungsuche und einheitlichem Auftreten

in dem Verfahren einer Truppeneinheit gefunden, und die anderen Gegensätze gewissermaßen in diesem einen sich aufgelöst haben.

Thatsächlich spitzt sich denn auch der Meinungsstreit zwischen den beiden oben (f. 1) von mir erwähnten Schulen: in ihrer Stellungnahme gegenüber dieser Frage zur höchsten Schärfe zu, und zweifellos muß jeder Versuch einer Verständigung an diesem Punkte einsetzen.

Unstreitig stehen die Dinge hier nämlich so:

daß, wer an der „Einheitlichkeit der Handlung" festhalten will, mehr oder weniger auf die volle Ausnutzung der Geländebedeckung verzichten muß;

indeß, wer die „volle Geländeausnutzung" nicht fallen lassen zu dürfen glaubt, die Einheitlichkeit in demselben Maße preiszugeben gezwungen ist.

Diese nun einmal mit der Natur der Dinge verknüpfte Thatsache wird zum entscheidenden Maßstab für die Reglementarisirung eines Angriffes, als des Versuches, jene Gegensätze derart zu vermitteln, daß daraus ein allen Anforderungen in zweckentsprechender Weise Rechnung tragendes Verfahren, als **Uebungsgrundlage** für die wirkliche Durchführung eines Angriffes im Ernstfalle „festgelegt" werden könne.

Wer den Schwerpunkt des Angriffsverfahrens in die volle Geländeausnutzung legt, muß nämlich naturnothwendig auch auf solche Reglementarisirung verzichten, denn

1. liegt aller **Zweck** eines „Reglements" dem Begriffe nach nur in der einheitlichen Ordnung (Regelung) des Verfahrens, und
2. bildet es gerade die unerläßliche **Bedingung** für eine „volle Geländeausnutzung", daß den Einzelstreitern und Einzelgliedern einer Truppe darin freie Hand gelassen werden muß (keine Regelung Platz greife).

Ich habe das ganz ausführlich in den Studien auseinandergesetzt, und bis jetzt ist noch von keiner Seite der Versuch gemacht, mich darin zu widerlegen.

Das Exercierreglement 1888 selbst aber bestätigt meine Auffassung in dieser Richtung gerade dadurch, daß es das Angriffs=Verfahren — nicht reglementarisirt, sich ausdrücklich gegen solches Ansinnen verwahrt, ausdrücklich die „Einheitlichkeit der Handlung" nur soweit anerkennt und empfiehlt, als dadurch nicht das ihm höher=stehende Princip der „Selbständigkeit der Unterführung" (d. i. eben in erster Linie der „Fähigkeit freiester Geländeausnutzung" s. Stud. I, 7) berührt wird.

In seinem formalen Theil beschreibt das Reglement verschiedene „Formen und Verfahrungsweisen": Linie, Colonne, Schützenlinie, sprungweises Vorgehen u. s. w.; im II. Theil aber beschränkt es sich in Betreff ihrer Anwendung auf allgemeine Andeutungen über das Vorhandensein jener oben erwähnten „Gegensätze" und verzichtet auf jede „Festlegung eines bestimmten Verfahrens", d. h. eben auf jeden „allgemeingültigen Ausgleich" jener einander widerstrebenden Elemente. Man muß einräumen, daß es von seinem Standpunkt aus absolut consequent verfährt, wenn es nicht nur keine „Vorschrift", „Norm", „Methode", „Verfahrungsweise" giebt, sondern selbst jeden solchen Versuch verbietet.

Deshalb ist es aber auch absolut gegen den Geist dieses Reglements, wenn man „mit der Zeit" von in seinem Geiste vorgenommenen Uebungen die „Herausschälung einer bestimmten Angriffsmethode" erwarten zu können glaubt.

Nicht deshalb hat das Reglement 1888 die vom Referenten des Wochenblattes s. Z. gewünschte Methode nicht gebracht: weil man sich über diese Methode noch nicht hätte einigen **können**, sondern einfach deshalb: weil man einig war (?), keine Methode zu **wollen**.

Das ist eben der Standpunkt dieser Schule, von der ich gesprochen, und wer trotzdem auf eine Methode „wartet", gehört damit — zur Gegenschule.

Darüber hilft keine „Sophistik und Scholastik" fort: daß es ein Widerspruch in sich ist, sich auf den Standpunkt des „II. Theiles des Reglements 1888" und gleichzeitig auf den Standpunkt einer „erwarteten Methode" zu stellen.

Wer das thut, setzt sich zwischen zwei Stühle: theoretisch kann man das wagen so lange der Leser diesen Widerspruch nicht merkt, praktisch aber endet man dabei doch immer wieder nur — im Chaos.

So behaupte ich denn auch: der Referent des Wochenblattes muß sich schlüssig machen in dieser Wahl!

Verlangt er, sei es auch erst „in der Zeit", eine „Methode", so läßt sich über ihre „Theorie" d. h. über einen vernünftigen, zweckentsprechenden Ausgleich zwischen den verschiedenen Anforderungen, namentlich an „Geländebedeckung und Einheitlichkeit", im Gegensatz zu anderen solchen Vorschlägen debattiren; logische und Erfahrungs-Gründe lassen sich für die eine oder andere „Abmessung" geltend machen u. s. f. und so eine Einigung sich erzielen (s. 8).

Stellt er sich aber auf die Seite des Reglements, so verlangt die Logik, daß er auf jede Methode verzichtet und die richtige „Abmessung" immer nur dem persönlichen Urtheile der Unterführer im Einzelfalle überläßt, welches eine „Einigung" über verschiedene Meinungen weder verlangt, noch braucht, sondern den Einen „so", den Andern „anders" verfahren läßt, wie es eben der „Geländebedeckung", nicht aber der „Einheitlichkeit" entspricht!

Sehen wir, wie das Wochenblatt sich in der Praxis zu diesem reglementarischen Gewissensconflict stellt.

4. Das Militair-Wochenblatt und das concrete Beispiel der reglementarischen Studien.

Das Militair-Wochenblatt hat unbedingt Recht mit der Behauptung, daß „concrete Beispiele sehr zur Klärung der Sache beitragen".

Das von mir in Studie I gewählte sollte in doppelter Weise diesem Zwecke dienen:

einmal nämlich sollte daran das Verhältniß der Gefechtsführung zur Kampfanführung unter der neureglementarischen Anforderung erläutert werden, daß letztere den ihr von jener gestellten einen „selbständigen Auftrag" nur auf dem Wege der Ertheilung „selbständiger Unter-Aufträge an ihre Unterführer" durchzuführen habe; und

ferner sollte daran aber auch der praktische Verlauf **eines** solchen Frontalangriffes unter dieser Bedingung „selbständiger Aufträge" (freier Geländebenutzung) oder einer „bestimmten Norm" (beschränkter Geländebenutzung) untersucht werden.

In Studie I hat der erstere, in Studie V der zweite Gesichtspunkt vorgeherrscht, und nur von diesem zweiten Standpunkte aus behandelt die Besprechung des Wochenblattes, Nummer 42 und ff., das Beispiel der „Durchführung des Frontalangriffes der zweiten Brigade der Division von Y aus gegen die feindliche Defensivflanke B—C" (s. Studie I, 3, S. 24).

Der Referent trennt diese Erörterung des concreten Beispieles:
1. in die Abwehr der von mir in Studie V gegen die Form des reglementarischen „Auftragskampfes" vorgebrachten Bedenken, und
2. in die Darlegung, wie er diesen einen Angriff mit besserem Erfolge, als in dem von mir vorgeschlagenen „Normalverfahren" zu erwarten sei, glaubt durchführen zu können.

Beginnen wir mit der beabsichtigten Abwehr.

Der Herr Referent sagt in dieser Beziehung zunächst:

> „Nach Obigem scheint es, daß die nach den Ansichten des Generals von Scherff über die Gesammtfront von 1200 m normal entwickelte Brigade zum Angriff gegen B—C vorgehen will: die Regimenter nebeneinander, jedes Regiment mit zwei Bataillonen im ersten Treffen, in Vor- und Haupttreffen gegliedert, das dritte Bataillon im zweiten auf rund 600 m von den Schützen ersten Treffens.
>
> Der größte Theil der Brigade würde bis zur Hauptfeuerstation (400 m vom Feinde) einen Anmarsch von 2100—2600 m über ein völlig freies Gelände gegen eine glacisförmig ansteigende von Artillerie und Infanterie besetzte feindliche Position haben.

General von Scherff hält dies für minder gefährlich, als wenn größere Truppeneinheiten nach der „Muldentheorie" innerhalb 400 m vom Feinde auf reglementarische Frontbreite in freies Feld hinaus auf die Spitzenbataillone sich entwickelten.

Wir sind genau der entgegengesetzten Ansicht und müssen, da die Sache eine der wichtigsten taktischen Fragen betrifft, näher darauf eingehen. Eine falsche Auffassung hierin seitens der höheren Führung wird uns in den Zukunftsschlachten unnütze Ströme von Blut kosten und, was noch mehr ist, den Sieg in Frage stellen.

Je rückhaltloser ich mich in den ganzen seitherigen Auseinandersetzungen auf diesen jetzt hervorgehobenen Standpunkt des Referenten gestellt habe, desto entschiedener muß ich — horribile dictu — auch im vorliegenden Beispiel dabei verharren, daß es nicht nur „so scheint", sondern wirklich „so ist", daß ich die entwickelte Brigade in der beschriebenen Ordnung, und unter Anwendung des von mir in Studie II, 3. beschriebenen Verfahrens von Y gegen B—C vorgehen lassen will und nach wie vor darin eine bessere Gewähr des Gesammterfolges auch der Division erblicke, als in der „zersplitterten Muldentheorie". Um gleich von vornherein allzu ängstliche Gemüther über solche Zumuthungen etwas zu beruhigen, bemerke ich aber doch:

1. daß, wenn nach Lage der Annahme, Mulde und Dorf (?), je einem Bataillon ersten und einem halben Bataillon zweiten Treffens Deckung gewähren, nicht der „größte Theil", sondern nur etwa die „Hälfte der Brigade (2 Bataillone ersten, 4 Compagnien zweiten Treffens) das „völlig freie Gelände" zu durchschreiten haben würden;
2. daß für die Schützen (mit Soutiens = 4 Compagnien = $^1/_3$) dieser Hälfte der vom Referenten später selbst geltendgemachte Umstand in Rechnung kommt, daß heutzutage „oft das freie Feld, z. B. Sturzacker, sogar einen besseren (!) Schutz gewähren wird, wie die anscheinend gute Deckung eines Gelände-Gegenstandes, der sich scharf von seiner Umgebung abhebt" (wie z. B. das Dorf);
3. daß, da ich selbstverständlich nach Allem, was ich in den Studien, früher schon gesagt habe, auch hier die vorangegangene Paralysirung der Defensiv- durch die Offensiv-Artillerie

voraussetze (s. darüber später mehr) die Gefahrszone für das feindliche Feuer sehr herabgemildert und im wesentlichen auf das feindliche Infanteriefeuer beschränkt, damit aber auch gut um 1000 m verkürzt erscheint.

Immerhin gebe ich zu, daß die Aufgabe keine leichte und es deshalb von Werth ist, zu hören, wie der Herr Referent sie durch die „Muldentheorie" zu erleichtern gedenkt. Er fährt fort: (vgl. Studie V, S. 24):

„Einmal ist das Debouchiren aus Mulden, welche größtentheils flach gegen die Höhen auslaufen, nicht mit dem Hervorbrechen aus den engen Zugängen eines Brückenkopfes oder anderen Defilees zu vergleichen.

In dem oben gegebenen Beispiel können völlig gedeckt entwickelte Schützenschwärme aus der Mulde hervorbrechen und haben fraglos einen bedeutend geringeren Weg zur Hauptfeuerstation im scharfen feindlichen Feuer zurückzulegen, als die à la Scherff normal entwickelte Brigade."

Als seines Erachtens schlagenden Beweis für den Vortheil solcher Muldentheorie führt dann der Referent die Thatsache an, daß „am 18. August 1870 das von dieser Muldentheorie Gebrauch machende 4. Garde-Regiment zu Fuß" im Gegensatze zu den „normal entwickelten" (?) drei andern Regimenter der 1. Garde-Infanterie-Division nur einen rund halb so großen Verlust erlitten, also „ungefähr 500 Gewehre mehr zur Verfügung gehabt" habe, als jedes dieser andern Regimenter!

Nun gestehe ich dem „Wochenblatt" gern ein, das sich das „Debouchiren aus flach gegen die Höhen verlaufenden Mulden nicht mit dem Vorbrechen aus engen Hohlwegen vergleichen läßt" — wenn es sich dabei nur um die technische Frage der Entwicklung, d. h. des raschen Ueberganges aus Tiefen- in Breitenordnung, handelt (s. Stud. I, 4).

In demselben Maaße aber als diese Mulden „gegen die Höhe flacher verlaufen", solchen Uebergang damit also früher gestatten bez. verlangen, als ein „enges Defilee": in demselben Maaße sind sie doch auch offenbar dem feindlichen Feuer von jenen Höhen her mehr ausgesetzt und machen in demselben Maaße die „Muldentheorie" illusorischer!

Wenn also der Herr Referent sagt: „in dem oben gegebenen Beispiel können völlig entwickelte Schützenschwärme aus der Mulde hervorbrechen und haben fraglos einen bedeutend kürzeren Weg im scharfen feindlichen Feuer zurückzulegen, als die à la Scherff entwickelte Brigade", so gebe ich:

> die „kürzere Entfernung" von derjenigen Grenze ab zu, wo die Mulde sich noch nicht „flacher gegen die Höhe verläuft"; bemerke aber weiter, daß dieser Vortheil nur immer derjenigen Stärke zu Gute kommt, für welche schon in der Mulde selbst Platz zur Breiten-Entwicklung in Schützenlinie vorhanden ist.

Nach der Geländeschilderung in Nr. 79, 1891 wäre das etwa für 200 Mann bei einer Muldenbreite von etwa 200 m.

Da es sich nach der später (§. 5) noch näher zu berührenden „Beschreibung" der Durchführung des Angriffes längs der Mulde auch bei dem Referenten jedoch darum zu handeln „scheint", die Hauptfeuerstation auf mindestens die Hälfte der Gesammtfront: hier also 600 m (indeß die anderen 600 m vom „Dorf" aus zu erreichen wären!) voll mit Schützen zu besetzen,

> so muß sich solches „Hervorbrechen" dreimal wiederholen und jedesmal unter dem numerisch dreifach überlegenen concentrischen scharfen Feuer des Feindes abspielen!

Nach der im Militair-Wochenblatt gemachten — gewiß nicht ungünstigen — Annahme beginnt die „Mulde" sich erst etwa 100 m vor der auf 400 m liegenden, wieder Deckung gewährenden „Hauptfeuerstellung" zu verflachen.

Wie ich soeben nachgewiesen, handelt es sich somit in unserem concreten Beispiele zum Zweck der einmaligen Besetzung der halben Hauptfeuerstellung nur mit Schützen darum: dreimal hintereinander jedesmal 200 Mann in Schützenlinie den Weg von 500 auf 400 m unter dem Feuer von 600 feindlichen Gewehren auf 550—400 m durchlaufen zu lassen.

Selbst wenn ich zugebe, daß die zweite und dritte Wiederholung dieses Manövers sich, dank des Feuers der mittlerweile an die „Terrasse" herangekommenen (?) ersten Staffeln, etwas leichter gestaltet, als die erste Durchführung, so kann doch zunächst kein Zweifel sein, daß der Verlust dieser (3×200) Mann sich unverhältnißmäßig höher stellen wird, als derjenige von 600 anderen Schützen, welche auf eine Front von 600 m nebeneinander entwickelt, nach momentanem eigenem Schnellfeuer gegen die auf 500 m gegenüberliegenden 600 feindlichen Schützen, den Weg von 500 auf 400 m in zwei Sprüngen zurücklegen.

Aehnlich wie für die Schützen gestaltet sich das Verhältniß aber auch für die Unterstützungen.

Nun wird allerdings der Ausgleich in dieser Verlustziffer dadurch herbeigeführt, daß jene „anderen" 600 Schützen im Gegensatze zu den durch die Mulde gedeckt vorgeführten: bereits den Weg bis auf 500 m an den Feind „über freies Feld" und damit also „im feindlichen Feuer" haben zurücklegen müssen; dabei aber auch immer zur Hälfte der Zeit und zur Hälfte ihrer Stärke ihr eigenes Feuer haben einsetzen können! (s. Studie II, 3.)

Ich lasse es dahin gestellt, wie hoch man die Trefferprocente dieses selbstbeschossenen feindlichen Feuers auf 600, 700, 800 m und gar darüber hinaus gegen die sich abwechselnd bewegende und feuernde Schützen- und die ihr in kleinen Abtheilungen 400 und 600 m weiterab folgende Haupt- und 2. Treffens-Linie berechnen will.

Ich behaupte keineswegs, daß diese Verluste sich Summa Summarum geringer, als die jener anderen (Mulden-)Abtheilungen, gebe selbst zu, daß sie sich etwas höher stellen können; bestreite aber auf das Bestimmteste, daß dieser Unterschied in unserem concreten Beispiele ein solcher werden wird, daß man in dem einen Falle von einem „Begräbniß erster Klasse", im andern von einer „unbedingten Gewähr des Erfolges" sprechen dürfte.

Das hieße einfach Fern- und Nah-Feuer für gleichwerthig erklären!

Ich berufe mich darin auf Versuche in dieser vergleichenden Richtung.

Was ich aber selbst auf Kosten etwas höherer Verluste, von denen ja auch der Referent anerkennt, daß sie nun einmal nicht zu vermeiden sind, erreichen will: ist der Vortheil der Einheitlichkeit im Gegensatze zu der selbst im Wochenblatt zugestandenen Zersplitterung des andern Verfahrens, und damit der denkbar besten Gewähr des Sieges im Gegensatze zu der denkbar größten Wahrscheinlichkeit der Niederlage!

Davon später noch mehr; zunächst verwahre ich mich aber noch gegen die Schlußfolgerungen, welche der Herr Referent für die „Muldentheorie" aus den geringeren Verlusten des 4. Garde-Regiments zu Fuß gegenüber den anderen Regimentern der 1. Garde-Infanterie-Division am 18. August 1870 zu ziehen, sich für berechtigt hält.

Nach dem Generalstabswerk ist das 4. Garderegiment nur als „Unterstützung der 1. Gardeinfanterie-Brigade" in Thätigkeit getreten und hat sich durchweg nur „aus zweiter Linie" an dem Kampfe der überall schon bis auf Hauptfeuerstation vorgedrungen gewesenen Regimenter des Garde- und Sächsischen Corps betheiligen können; daß es dabei, schon wegen der kürzeren Zeit, weniger Verluste, als diese erlitten hat, kann nicht als Beweis in der vorliegenden Frage gelten.

Mit demselben Rechte könnte man behaupten, daß wenn das Regiment, wie es seine reglementarische Bestimmung nach der Ordre de bataille gewesen ist, alsbald dem 2. Garderegiment in zweckentsprechender Gliederung als „zweites Treffen" gefolgt wäre, der Verlust der beiden Regimenter zusammen zwar wohl derselbe geblieben, der Erfolg aber rascher errungen und dadurch auch der Abgang der beiden anderen Regimenter herabgesetzt worden wäre.

Dieser große Verlust jener drei Regimenter erster Linie ist meines Erachtens sehr wesentlich auf den Umstand zurückzuführen, daß ihnen die rechtzeitige Unterstützung aus der Tiefe — mangels einer zweckmäßigen „Methode" — gefehlt hat, und sie deshalb sehr viel länger mit einem schlechteren Gewehr im feindlichen wirksamsten Feuer haben ausharren müssen als das andern Falles nöthig gewesen sein würde.

Der weitere Einwand des Referenten, insofern er sich auf die artilleristische Mitwirkung bezieht, berührt gleichfalls nicht den Kern der Frage.

Daß ich den entscheidenden Infanterieangriff nicht eher anzusetzen gewillt bin, als bis die Ueberlegenheit der eigenen über die feindliche Artillerie sich zur Geltung gebracht hat, habe ich oft genug ausgesprochen; ebenso bestimmt aber auch betont, daß es sich in den Studien nur um Fragen der Durchführung des eigentlichen Infanterie-Angriffes handele, von dem ich eben nicht glaube, daß er hinfort nur noch ein gelegentliches Beiwerk des „Artillerieerfolges" sein werde. Auch davon später mehr, weil man nun einmal — nicht zum Vortheil der Klärung unserer Frage — immer wieder darauf zurückkommt.

Der Herr Referent fährt fort:

"Es fragt sich nun, ob diese (von ihm schlechthin als vernichtend für das Normalverfahren ausgemalten) Verluste nicht doch ausgeglichen oder überboten werden durch das einheitliche Verfahren der über freies Feld vorgeführten Brigade. Gewiß droht die Gefahr(!), daß wenn die Brigade nicht eng zusammenhängend, so zu sagen Schulter an Schulter, vorgeführt wird, die getrennten Bruchtheile sich zersplittern und zerschellen(!).

Mit großem Scharfsinn werden vom General von Scherff die Vortheile eines einheitlichen Verfahrens vorgeführt. Wir haben ebenfalls diesen Wunsch, aber er zerschellt an der brutalen Gewalt der Natur der modernen Streitmittel und den Erfahrungen des Krieges(?). Die Vortheile des einheitlichen Verfahrens sprachen seiner Zeit in noch ungleich größerem Maße für die Angriffscolonne gegenüber den dünnen langen Schützenlinien, und doch wird sich schwerlich noch Jemand finden, der die Angriffscolonne als solche heute noch verwenden will.

Ohne Verluste giebt es keine Erfolge, aber die Natur der Streitmittel, die Erfahrung des Krieges nöthigt uns andere Wege zum Siege zu suchen," (man würde erwarten: — „als seither"!, der Referent sagt aber —) „als den des Scherff'schen oder eines ähnlichen Normalverfahrens."

„In der That ist hier im obigen Beispiel kein so großer Unterschied mit dem Befehl: „Vom rechten Rheinufer aus mit seinem Bataillonen die besetzten Höhen des linken schwimmend zu erstürmen" (s. S. 40 der Stud. V)."

Sollte der Schreiber dieser Sätze bei ihrer näheren Prüfung sich nicht selbst sagen, daß er sich damit doch etwas allzuweit von der in solchen Widerlegungs-Versuchen zu erwartenden und auch sonst von ihm geübten „Objectivität" entfernt hat?

Dafür, daß das von mir vorgeschlagene einheitliche Verfahren, von dem er weiß, daß es sich doch auf absolut anderen Grundlagen aufbaut, als die „Angriffscolonne mit Schützen in der Intervalle", unter allen Umständen „an der brutalen Natur der modernen Streitmittel und den Erfahrungen des Krieges zerschellen" und deshalb auch sein „eigener Wunsch nach Einheitlichkeit" preisgegeben werden müßte, bringt er hier (und im ganzen Verlaufe seiner Besprechung) keinen andern Beweis vor: als die **Behauptung**, daß es

genügt, die Einheitlichkeit („irgend ein Normalverfahren") zu
wollen, um damit demselben Schicksale zu verfallen — wie die
„Angriffscolonne"!!

Nicht mit einem Wort wird dieses Verfahren selbst und seine
ausführliche Begründung in den früheren Studien, dem Leser in der
sonst so citatenreichen Besprechung vorgeführt; kurzhin wird es mit der
„brutalen Gewalt" abgethan und, um dieselbe in ein recht helles Licht
zu setzen, die Frage aufgeworfen:

> „In dem gegebenen Beispiel wäre also die Ueberschreitung der
> Hauptfeuerstellung 400 m vom Feinde (nach dem in Stud. II, S. 46
> Gesagten) ohne erlangte Feuerüberlegenheit: Selbstvernichtung; es ist
> nicht einzusehen, weshalb diese Selbstvernichtung nicht schon beim
> Scherff'schen Normalverfahren auf 600 oder 500 m vor Erreichung der
> Hauptfeuerstellung eintreten wird?

Ich weiß nicht, was der Herr Referent, der selbst a. a. O. von
der Nothwendigkeit einer „Hauptfeuerstellung" spricht, ihre Erreichung
auch im „gegebenen Beispiel" (s. 5) ausdrücklich verlangt, sich unter
diesem Begriff hier denkt? Jedenfalls aber doch hätte er aus meiner
Definition dieses Wortes (in Stud. II, 1) entnehmen können:

> daß die (bei unserer heutigen Bewaffnung) ziffermäßig auf
> etwa 400 m gelegte „Hauptfeuerstellung" für mich nur ein
> relativer Begriff ist, der mit dem vorgeschlagenen Verfahren:
> um zunächst einmal bis auf diesen Abstand an den Feind
> heranzukommen, gar nichts zu thun hat, und
>
> daß wenn eben (was ich annoch nicht glaube) die „Selbstver-
> nichtung der Schützen" schon auf einen 5 und 600 m weiteren
> Abstand vom Feinde droht — diese „Hauptfeuerstellung" sich
> einfach auf diesen Abstand zurückverlegt, wie er sich eben
> von den 200 Schritt des Zündnadelgewehrs schon auf die 400 m
> des neuen Gewehrs zurückverlegt hat (s. Stud. II, 3).

Offenbar hat der Herr Referent meine desbezüglichen Auseinandersetzungen, übersehen, sonst könnte er nicht — ohne ihnen entgegenzutreten, einfach fortfahren:

> „Unserer Ansicht nach muß schon, bevor die Masse der Infanterie
> auf der Hauptfeuerstation in Thätigkeit tritt, die Feuerüberlegenheit
> angebahnt, das feindliche Feuer geschwächt werden.
>
> Dies geschieht durch die Artillerie (?) im Verein mit den Vor-
> truppen (!) der Infanterie.

Letztere haben die Aufgabe, sich im Gelände einzunisten und den Feind soviel als möglich zu belästigen. (!)

Diese dünnen Schützenlinien, wenig beengt durch Nebenabtheilungen, können das Gelände nach ihrer Wahl ausnützen (!).

Geschieht dies in geschickter Weise, auch mittelst des ‚Kriech-Verfahrens', so wird es beim jetzigen rauchschwachen Pulver dem Gegner sehr schwer werden, ihren Standpunkt zu erkennen und sie wirksam zu beschießen.

Hierbei möchten wir noch hervorheben, daß heutzutage manche Deckungen nicht mehr den Werth, wie früher haben — — —; oft wird das freie Feld, z. B. Sturzacker, sogar einen besseren Schutz gewähren, wie die anscheinend gute Deckung eines Geländegegenstandes, der sich aber scharf von seiner Umgebung abhebt.

Für dünne Schützenlinien ist das freie Feld nicht annähernd (!) ein solcher Begräbnißplatz, wie für Infanteriemassen (?), die im starken ungebrochenen (!) Feuer des Feindes hier vorgehen müssen — — —

Erst nach der Vorbereitung durch Artillerie und Vortruppen und unter dem Schutze dieser beiden würde die Masse der Infanterie auf die Hauptfeuerstation heranzuführen sein."

Wer meine Studien gelesen hat, weiß, daß ich mich — namentlich in Studie II — auf das Eingehendste bemüht habe, nachzuweisen, daß der Erfolg im Infanterieangriff nicht ohne errungene Feuerüberlegenheit zu erhoffen ist (das Reglement sagt ja dasselbe);

daß diese Feuerüberlegenheit aber nur errungen werden kann durch Heranführung einer numerischen Ueberlegenheit („Masse der Angriffsinfanterie") auf wirksamste Schußweite an den Feind („Hauptfeuerstellung").

Diesem ganzen Begründungsmaterial für das von mir darauf basirte „Normalverfahren", das ich unmöglich hier im Detail dem Leser nochmals wiederholen kann, setzt nun der Referent einfach wieder, als ob diese Möglichkeit nie bestritten wäre, den Satz entgegen, daß, „bevor die Masse der Infanterie auf der Hauptfeuerstation in Thätigkeit tritt, Artillerie und Vortruppen (also schwächere Infanteriekräfte, als der defensive Gegner in Thätigkeit bringt) die Feuerüberlegenheit — angebahnt, das feindliche Feuer geschwächt, den Gegner belästigt haben müßten; weil — „die Infanteriemassen nicht im ungebrochenen (!) feindlichen Feuer vorgehen könnten".

Es bleibt dabei: schwächere Kräfte sollen erreichen, wovon ich mich bemüht habe, zu beweisen, daß sie es nicht erreichen können, und man erachtet es nicht einmal für nöthig, meine gegen solches Verfahren geltend gemachten Gründe auch nur zu erwähnen.

Ich stelle dahin, auf wen der vom Herrn Referenten gegen meine Erörterungen angewandte Satz besser paßt (Stud. V, S. 22):

> „Wie schon Klausewitz sagt: die Beschäftigung mit concreten (sei es erlebten oder supponirten) Verhältnissen verlangt, daß man Alles, was Bezug auf die (zu beweisende oder zu bestreitende) Behauptung hat, genau und umständlich entwickele, den Fall vor dem Auge des Lesers sorgfältig aufbaue,"

muß aber allerdings sagen, daß, so lange das nicht von beiden Seiten geschieht, eine „Einigung" über widerstreitende „Meinungen" schwer zu erreichen sein wird.

Freilich ist deshalb auch meinerseits noch einmal auf die Artillerie zurückzukommen, welche sich in obiger Darstellung mit den Infanterie-Vortruppen in die Rolle der „Anbahnung" der Feuerüberlegenheit theilt.

Warum ich sie grundsätzlich aus unseren Erörterungen eliminirt habe, ist schon wiederholt gesagt, und ich muß auf diesem Standpunkte für die reglementarische Frage des Infanterieangriffes auch Angesichts des Malachowski'schen Einwurfes stehen bleiben, der mir vorhält:

> „Der König (Friedrich II.) erwartet darnach thatsächlich beim Angriff von Positionen von der Artillerie das Beste. Er macht sich gar keine Sorge darüber, ob denn die Infanterie in solchen Umständen als Hauptwaffe abdanken und beim Angriff auf vorbereitete Stellungen nur noch Hülfswaffe der Artilerie werden solle."*) Dazu ist er viel zu praktisch; er würde vielleicht gar nicht verstehen, daß Jemand damit ein vernichtendes Urtheil über ihn zu sprechen vermeinte; in seiner naturalistischen Art sucht er einfach die besten Mittel, um zu seinem Ziele zu gelangen. Der Genius des Königs zeigt eben in geistiger Beziehung eine sehr hohe Potenz von dem, was man in niederen Graden praktischen, gesunden Menschenverstand, Sinn für das Erreichbare und Mutterwitz nennt; darum sind seine kurzen Entscheidungen oft so wahrhaft herzerfrischend."

Immerhin bin ich erbötig, meinen infanteristischen Stolz so weit fahren zu lassen und zum „gesunden Menschenverstande niederer Grade" zurückzukehren, daß: **wenn** die Artillerie künftighin so gut

---

*) Vergl. dazu Studie II, S. 87 und 89.

sein will, uns auch die feindliche Infanterie aus der „Position"
allein hinauszuschießen und wir uns dabei nur mit „Vortruppen"
zu betheiligen brauchen, — ich mich auch ganz gern mit der Rolle
einer nur einheimsenden „Hülfswaffe" begnügen will.

Gelegentlich spricht sich vielleicht einmal ein Artillerist über
diese „neueste infanteristische Angriffs-Methode" aus, wo die Artillerie
nicht nur gegen Artillerie und Werke, sondern auch gegen die feind=
liche Infanterie — „das Beste" thun soll und kann (s. auch 7).

Zunächst zurück zu unserem concreten Beispiel.

5. Die Durchführung nach dem Militair-Wochenblatt.

Dem von mir ausgedrückten Wunsche, einmal klar dargelegt zu
sehen, wie denn das Wochenblatt sich die Durchführung des Brigade=
Angriffes in jenem concreten Beispiele denke, wird im Weiteren nun=
mehr in einer Weise entsprochen, die uns ein näheres Eingehen darauf
ermöglicht; freilich nicht ohne mir dabei vorzuwerfen, daß wenn ich
meinerseits in Studie I—IV, bez. V, das gleichfalls gethan hätte, „für
Rede und Gegenrede viel Mühe und Zeit hätte erspart werden können".

Nun meine ich aber das wäre durch die Darlegung meiner Vor=
schläge für ein Normalverfahren in Studie II, 3, und die Erörterungen
in Studie V, 2, soweit geschehen, wie sich das auf dem Papier
überhaupt machen läßt, und der Herr Referent hätte bloß für sein
„der General von Scherff scheint — zu wollen", ein „der General
will" zu setzen brauchen, um sich die Art und Weise, wie ich mir die
Durchführung denke, ohne Weiteres in den Plan seines Geländes ein=
zeichnen zu können.

Die Mühe, sich in meine Vorschläge hineinzudenken, kann ich
ihm allerdings ebenso wenig ersparen, wie ich es mich der Mühe werde
verdrießen lassen, im Nachfolgenden mir sein Verfahren „vorzustellen".

Seine Schilderung desselben beginnt:

„Zunächst wird die ganze Divisionsartillerie gegen die Entschei=
dungslinie B—C eingesetzt, in Y oder einer sonst geeigneten Stelle,"

eine Forderung, mit welcher ich mich ohne auf Details („ganze"!?)
einzugehen einverstanden erkläre.

„Zugleich mit der Artillerie tritt von jedem Regiment je ein Ba=
taillon als Vortruppe in Wirksamkeit."

Auch hiergegen würde ich insofern nichts einzuwenden haben, als es sich dabei um die nothwendige Deckung der Artillerie durch mit diesem selbständigen Aufträge nach bestimmten Punkten vorgeschobene Truppentheile handeln sollte, die damit aber dann auch zunächst mindestens von der „Offensivkraft" der Brigade in Abzug zu bringen wären.

Daß das hier nicht gemeint ist, beweist die Fortsetzung:

> „Das Bataillon des rechten Flügelregiments geht mit zwei Compagnien durch das Dorf, mit einer Compagnie zwischen Dorf und Mulde vor, eine Compagnie folgt als Reserve den ersten beiden Compagnien.
>
> Das Bataillon des linken Flügels benutzt die Mulde zum Vorgehen.
>
> Die Terrasse, welche als Hauptfeuerstation in Aussicht genommen ist, jetzt schon zu besetzen, dürfte in diesem Zeitpunkte wegen der großen Nähe des Feindes und der weiten Entfernung der Brigademasse zu gefährlich sein. (!)
>
> Der Augenblick hierzu ist gekommen, wenn diese Masse sich nähert. Sie wird an die Feuerstation, die Terrasse, herangeführt, sobald eine Wirkung der Artillerie und Vortruppen erkennbar wird."

An einer späteren Stelle der Besprechung der Studie V (Nr. 43, S. 1202) sagt der Herr Referent:

> „Keineswegs wird der Angriff als eine gliederungslose Gesammthandlung, noch viel weniger die Heranführung auf Hauptfeuerstellung als nebensächlich betrachtet.
>
> Letzteres sehen wir im Gegentheil, ebenso wie der Herr Verfasser der Studien, als eine der schwierigsten Aufgaben der neueren Taktik an, möchten (!) auch hierzu den Angriff noch mehr gliedern, einmal in eine Vorbereitung: die Heranführung der Vortruppen („durch" Vortruppen ist wohl ein Druckfehler!), dann in die Heranführung der Massen."

Es darf hiernach wohl angenommen werden, daß wir es in den vorstehend citirten Sätzen mit dem ersten Gliede des in zwei Theile gegliederten Angriffsverfahrens des Herrn Referenten nämlich: mit der „Vorbereitung durch Heranführung von Vortruppen" zu thun haben.

Beleuchten wir die Aufgabe, das Verfahren und die Wirksamkeit dieser „Vortruppen", während deren Thätigkeit die „Masse der Infanterie" (die vier anderen Bataillone der Brigade) noch bei Y in Deckung, als „Reserve" zurückgehalten, gedacht werden muß.

Die Aufgabe der „Vortruppen" ist ausgesprochenermaßen: die Ermöglichung der späteren Vorführung der „Massen auf Hauptfeuerstellung", welche zur Zeit wegen des noch „ungebrochenen" feindlichen Feuers für unmöglich erklärt ist.

Offenbar kann dieser Zweck der vorausgesandten zwei Bataillone nicht anders erreicht werden, als durch eine Abschwächung des annoch zu gefährlichen feindlichen Feuers.

Um das zu erreichen, müssen die beiden Bataillone (von $\pm$ 3000 m ab) doch mindestens bis auf eigene — sogar wirksame — Schußweite an den Feind herangeführt werden; da aber ausdrücklich hervorgehoben ist, daß solche Vorführung gleich „bis auf Hauptfeuerstellung" — wirksamste Schußweite — annoch zu gefährlich erscheint, entsteht die Frage: bis wohin sollen die „Vortruppen" vorgehen?

Offenbar steht jedes der beiden Bataillone „Vortruppen" hier einem „selbständigen Auftrage" gegenüber, d. h. wird in eine kriegerische Lage versetzt, in welcher es „außerhalb des Rahmens einer höheren Einheit" eine eigene Aufgabe nach eigener Anordnung seines Führers durchzuführen hat.

Ich frage zuerst nach dem Wortlaut dieses selbständigen Auftrages?

Wenn es sich nur um die defensive Aufgabe der Artilleriedeckung handeln würde, könnte solcher Auftrag allenfalls für das „rechte Flügelbataillon" auf „Besetzung des Dorfes", für das „linke Flügelbataillon" dahin lauten „in der Mulde 1000—1200 m vorwärts eine Stellung zu diesem Zwecke einzunehmen".

Das ist aber nicht der Zweck der „selbständigen Vorsendung" der beiden Bataillone, und ich wüßte wirklich nicht, wie man ihre „Aufträge" hier anders formuliren könnte, als dahin:

„Rücken Sie mit Ihrem Bataillone $\left.\begin{array}{c}\text{durch das Dorf}\\\text{längs der Mulde}\end{array}\right\}$ soweit vor, daß Sie den Feind in Linie $\left.\begin{array}{c}B-C^1\\C^1-C\end{array}\right\}$ wirksam beschießen können, ohne daß Sie sich selbst dabei eine Blöße geben!"

Man wird mir einräumen, daß solcher halb offensiver, halb demonstrativer „Auftrag" für den beauftragten Bataillonscommandeur nicht sehr klar und in Folge dessen nicht allzu angenehm ist; aber ich wüßte wirklich nicht, wie man ihn anders fassen sollte, wenn nicht zufällig sich auf der Angriffsfront bestimmte, von weit hinten her deutlich erkennbare Geländeobjecte „nicht zu nah und nicht zu fern" finden, welche man den Vortruppen als „vorläufiges Ziel" bezeichnen könnte, ohne aber doch von ihnen verlangen zu dürfen, daß sie dieselben unter allen Umständen zu erreichen hätten. (St. Hubert!?)

Der Herr Referent sagt ja auch selbst nur: das eine Bataillon „geht durch das Dorf vor", das andere Bataillon „benutzt die Mulde zum Vorgehen" und überläßt das „Wieweit?" — der Unterführung.

Sehen wir uns dieses Vorgehen näher an!

Für das „Muldenbataillon" liegt im concreten Beispiele keine Schwierigkeit vor, g. F. bis 100 m diesseits der ins Auge gefaßten, weil hier (ausnahmsweise) deutlich als „Terrasse" im Gelände markirten Hauptfeuerstellung vorzubringen, die „selbst zu besetzen", als noch zu gefährlich bezeichnet ist.

Dem „Bataillon des rechten Flügels" ist dagegen nur als „Marschrichtungspunkt" das „Dorf" gegeben, welches nach der Annahme (Mil.-W. Nr. 79, 1891) „halbwegs zwischen Y und der feindlichen Stellung B—C liegt".

Da dieses Bataillon „zugleich" mit dem Auffahren der eignen Artillerie bei Y von hier antritt, so kann in diesem Moment noch von keiner „Niederkämpfung" der feindlichen Artillerie die Rede sein.

Wenn der Gegner, wie doch zu erwarten, seine Schuldigkeit thut, so hat das Bataillon zunächst allein einen Weg von 1200—1500 m im concentrischen feindlichen Artilleriefeuer zurückzulegen, um trotzdem nach Erreichung der jenseitigen Dorflisière immer noch 1000 bis 1200 m von der feindlichen Infanterielinie entfernt zu sein.

Wenn zwei bis drei Bataillonen in geeigneter Breiten- und Tiefengliederung dergleichen nach Niederkämpfung der feindlichen Artillerie zugemuthet wird, so sagt der Herr Referent: solches „Normalverfahren" ist — Selbstvernichtung! für das eine Bataillon im feindlichen Artilleriefeuer hat das anscheinend — keine Schwierigkeit.

Auch das will ich zugeben! Dank des Umstandes, daß es sich im Vorgehen über die halbe Brigade-Gefechtsfront von 600 m, und wahrscheinlich (da es ja weder rechts noch links auf enge Grenzen „eingerahmt" ist) auch noch wesentlich weiter, in kleine Abtheilungen ausbreitet und da und dort das „Kriechverfahren" anwendet, erreicht das Bataillon, wenn auch sicherlich nicht ohne gewisse Verluste, die Gegend um das Dorf und kommt auch noch stellenweise darüber hinaus.

Eine halbe bis dreiviertel Stunden vergehen, bis die „geschickt im Gelände" vorgeführte „Vortruppe" innerhalb der etwa 1000-Meter-Zone auf der ganzen Gefechtsfront im Feuer steht.

Es ist etwa die Zeit, bis zu welcher man in den vorliegenden kleineren Verhältnissen wird übersehen können, ob die eigene Artillerie überhaupt der feindlichen Herr zu werden, mindestens deren ganzes Feuer ausschließlich auf sich anzuziehen (!), verspricht, und dadurch die Durchführung des Infanterieangriffs überhaupt **möglich** wird?

Nach dem „Normalverfahren" wäre jetzt erst der Zeitpunkt gekommen, die mittlerweile hinter Y „einheitlich entwickelte" Gesammtbrigade antreten zu lassen; nach der „Wochenblatts-Methode" zeigt sich uns dagegen annähernd das folgende Bild.

Das längs der Mulde gedeckt vorgehende Bataillon hat sich bietende günstige Gelegenheiten: seitwärts in die Hauptmulde einmündende kleine Seitenthäler, höher gelegene Buschparzellen, vielleicht selbst den Sturzacker ins freie Feld hinaus u. dergl. benutzt, um nach und nach auf 1000, 800, 600 m von der feindlichen Linie einzelne Compagnien und Züge derart zu etabliren, daß es (s. Mil.-W.) „beim jetzigen rauchschwachen Pulver dem Gegner sehr schwer werden wird, ihren Standpunkt zu erkennen und sie wirksam zu beschießen;" ein Theil dieser Abtheilungen ist schon 20 bis 30 Minuten früher in Thätigkeit getreten, ehe es auch dem durch das Dorf vorgegangenen andern Bataillon gelingt, sich in ähnlicher Weise im Vorgelände festzusetzen.

Mit welchen Kräften tritt die Vortruppe auf?

Hat jedes der beiden Bataillone in diesen um Hunderte von Metern vor- und zurückspringenden „Schützenposten" auch nur drei Compagnien verwendet, so ist die „Gefechtsfront von 1200 m" durch diese Entfaltung von (6 × 200) Gewehren schon nahezu voll besetzt, kann also für den Gegner schon kaum noch „unfindbar" sein.

In dem Maße aber, als Kräfte zurückgehalten wären, erscheint die eigene Feuerwirkung der „Vortruppe" geschwächt.

Welche Objecte bieten sich dieser Feuerwirkung?

Offenbar nur diejenigen, welche der Vertheidiger dem Angreifer zeigen will, indem er ihn selbst bekämpfen zu müssen glaubt.

Wir haben es nach der Annahme des concreten Beispieles nicht mit einer verschanzten, an neu ausgehobenen Schützengräben leicht erkenntlichen, auch nach rückwärts geschlossenen „Position", sondern schlechthin mit einer gewöhnlichen „Sturzacker-Höhenstellung" zu thun, die der Gegner erst ad hoc erreicht und nach Bedarf besetzt.

Die ganze eine (innere) Hälfte des Gefechtsfeldes ist von ihm frei zu übersehen und jedenfalls hat er auf dieser Seite das Vorbringen nur schwacher feindlicher Kräfte (Dorf-Bataillon) deutlich erkannt, vielleicht selbst das Herabsteigen des nur einen Bataillons von der Höhe Y nach der Mulde verfolgen können.

Jedenfalls wird er nur in dem Maße, als der Angreifer Kräfte zeigt, sich bemühen, demselben immer überlegene Kräfte entgegenzustellen, und dazu ebensogut der etwa allmählich zu einer Gesammtschützenlinie zusammenwachsenden Vortruppen-Entwicklung, wie ihren einzelnen schwer auffindbaren Häuflein gegenüber in der Lage bleiben.

Die Erkämpfung einer Feuerüberlegenheit, die Erschütterung des Gegners durch die „Vortruppen" in demjenigen Maße, daß nunmehr die Vorführung der „Hauptmasse" des Angriffs vom feindlichen Infanteriefeuer wesentlich weniger zu leiden haben würde, als vorher, — bleibt schlechthin ausgeschlossen; selbst wenn man Stunden und die gesammte Taschenmunition dafür verwenden wollte!

Das Militair-Wochenblattt erwartet das auch gar nicht, es spricht von „anbahnen" „schwächen" „belästigen" u. dgl. m. und sucht auch für die spätere Vorführung dieser „Masse" — die Geländedeckung.

Ich gebe zu: es kann lange dauern, ehe die Vortruppe zum Zurückweichen genöthigt wird; aber ich bestreite, daß sie mehr erreichen kann, als eine — ohne die Anwesenheit von „Massen" unausnutzbare — Beschäftigung des Gegners (Demonstration).

Zeit kommt aber zunächst immer der Defensive zu Gute!

Der wahrscheinlichste Verlauf dieses vereinzelten Kampfes der schwachen „Vortruppen" gegen einen stärkeren Gegner, während dessen die „Hauptmasse der Brigade" 1800—2000 m rückwärts ihre Erfolge erwartet, gestaltet sich aber meines Erachtens als Regel dahin, daß die Kräfte der Vortruppe allmählich erlahmen, nach und nach ins Zurückfließen gerathen, ja da und dort zuweit vorgedrungene

Einzeltheile, welche sich „näher an den Feind haben heranarbeiten" wollen, durch kurze feindliche Vorstöße mit starkem Verluste zurückgeworfen werden.

Der günstigste Erfolg der „Vortruppe" aber gipfelt doch nur höchstens darin, daß sie, unter vielleicht recht empfindlichen Verlusten, das feindliche Feuer auf sich anziehen, den Gegner zur Vollbesetzung seiner Stellung verführen und dadurch sich selbst etwas günstigere Zielobjecte schaffen kann.

Da aber mangels naher Unterstützungen diese „Feuer-Anziehung" nicht zu einer „Feuer-Ablenkung" von nachfolgenden Kräften führt, so kann eine Ausnützung selbst günstiger Momente (augenblicklicher Unordnung beim Gegner u. dgl.) ebensowenig erfolgen, wie eine Aufnahme im Falle eigener Schwächemomente.

Es ist nicht nur gegen alle Erfahrung, sondern schlechthin gegen allen gesunden Menschenverstand, von dem Feuer vorgeschobener schwächerer Kräfte auf weitere Entfernungen zu erwarten, daß dasselbe den defensiven Gegner derart zu schädigen vermöchte, daß der höhere Gewinn dabei physisch und moralisch — dem Offensivtheil zu Gute komme.

Die alte Theorie war sehr entschieden der Ansicht, daß nichts dem Angriffe abträglicher sei, als solches „Herumgeschieße"; es war dem Militair-Wochenblatt vorbehalten, dieses „Verfahren" wieder in die neue Theorie einzuführen, sich freilich dabei auch auf das Reglement 1888/89 stützen zu können.

Ganz unstreitig leiden die Vortruppen in diesem Kampfe mindestens eben so sehr, wie die Vertheidigung; ihre Verluste würden sich aber nur bezahlt machen, wenn die Haupttruppe nahe genug bei der Hand wäre: um

> die erreichbare Einwirkung der Vortruppe auf den Gegner sofort auszunutzen, die zu befürchtende Einwirkung des Gegners auf die Vortruppe sofort auszugleichen!

Beides ist nicht möglich, wenn ein räumlicher Abstand von Kilometern die „Haupt-" von der Vortruppe" trennt und jene auf die „Erfolge" dieser wartet.

Wenn die Artillerie hier nicht „das Beste" thut: von der vorbereitenden Wirkung solcher „unterstützungsloser Vortruppen" ist meines Erachtens — gar nichts zu erwarten!

Von dieser erhofften „Artillerie-Wirkung" später! Wenden wir uns zunächst zu der Art und Weise wie das Militair-Wochenblatt sich:
bie Anknüpfung der Thätigkeit der Hauptmasse an diejenige der Vortruppe der Brigade,
d. i. den „zweiten Theil" seines „gegliederten" — ich nenne es „zerrissenen" — Angriffes denkt.

In dieser Beziehung heißt es im Anschlusse an den letzten Satz unseres obigen Citates:

> Sie (die Hauptmasse) wird an die Hauptfeuerstation, die Terrasse, herangeführt, sobald eine Wirkung der Artillerie und Vortruppen erkennbar wird. (!)
>
> Hierzu geht von den noch vorhandenen vier Bataillonen der Brigade ein Bataillon durch das Dorf, drei Bataillone, von denen das eine zur Verfügung des Brigadecommandeurs bleibt, benutzen die Mulde zum Vorgehen.
>
> Von hier aus kann die Besetzung der Terrasse ähnlich ausgeführt werden, wie der General von Scherff vorschlägt. (Gemeint ist hier, wie aus dem Nachstehenden hervorgeht, nicht das „Normalverfahren", sondern das „Entlangziehen längs der Terrassendeckung und Einschwenken" als Gegensatz zum „Aufmarsch", s. Stud. V, S. 32).
>
> Compagnieweise suchen auf dem kürzesten Wege aus der Mulde die Bataillone die Terrasse zu erreichen und ziehen sich dann, durch diese gedeckt, rechts, um den folgenden Compagnien Platz zu machen.
>
> Gleichzeitig mit der Brigadenmasse geht ungefähr die Hälfte der Divisionsartillerie vor auf dem freien Felde zwischen Dorf und Mulde bis etwa auf 1000 m vom Feinde.
>
> Nach erlangter Feuerüberlegenheit wird von der Hauptfeuerstation aus zum Sturm geschritten.
>
> Ob einzelne Kompagnien zum Liegenbleiben und zur Fortsetzung des Feuers während des Sturmes befehligt werden, hängt von den Umständen ab, wahrscheinlich würde das dann auf den Flügeln geschehen.
>
> Der Brigadecommandeur wird sich aber auch beim Sturm eine Reserve zurückbehalten müssen.
>
> Der Sturm kann ähnlich den Vorschlägen von Studie I—IV ausgeführt werden. (Nur gegen „Gliederfeuer" spricht sich der Referent aus.)

Vergegenwärtigen wir uns die Situation.

Die beiden „Vortruppen-Bataillone" befinden sich bis zu dem

Augenblicke des Wiederanschlusses der „Hauptmasse" an sie, bereits seit mindestens anderthalb Stunden und länger in Thätigkeit; Compagnie- und Zugweise, je nach der Geschicklichkeit ihrer Unterführer über das ganze Angriffsfeld ausgebreitet, auf den inneren Flügeln wahrscheinlich ineinander, auf den äußeren jedenfalls über die Grenzen der „Gefechtsfront" hinübergreifend, dazu in der Tiefenrichtung um hunderte von Meter auseinander, sind sie „in das Gefecht entlassen" „verausgabt," „der Hand ihrer Bataillonscommandeure entwunden!"

Von einer bei Y erkennbaren Einwirkung ihres Feuers auf den Feind ist selbstverständlich keine Rede; da aber doch überhaupt irgend etwas geschehen muß, so erscheint früher oder später an der oberen Abflachung der Mulde gegen die Höhe die Spitze der nachgeführten drei Bataillone.

Eins davon (jedenfalls das letzte) bleibt von Hause aus als „Reserve des Brigadecommandeurs" in der Mulde zurück; die zwei anderen erhalten den „Auftrag" bez. „Befehl," in achtmaliger Wiederholung des oben von uns geschilderten Verfahrens, sich „compagnieweise" an die Terrasse heranzuwerfen und längs derselben „rechts fortzuziehen" (ohne zu feuern)!

Wie hoch schätzt der Herr Referent den Verlust dieser acht Einzel Compagnien, angesichts des Umstandes, daß der Feind, der auf seinem inneren (linken) Flügel die Vorführung von nur einem weiteren Bataillon nach dem Dorfe klar erkannt hat, seit Langem darauf vorbereitet ist, den „Hauptangriff" aus diesem „Muldenkopf 500 m gegenüber" sich ergießen zu sehen und die „laufgrabenartige" Beschaffenheit der Terrasse 400 m vor seiner Front doch wohl kennt!?

Aber die acht Compagnien reussiren! Sie gelangen, wenn auch sicherlich arg mitgenommen, an der Terrasse in „Hauptfeuerstellung" und bringen ins Feuer, was noch zu bringen ist.

Die Entscheidung, ob sie zum Sturm kommen werden oder nicht, muß jetzt in wenig Minuten fallen!

Auf dem andern Flügel der Brigade spielt sich inzwischen die Vorführung des einen Reserve-Bataillons, wenn auch bis zum Dorfe noch ohne wesentliche Schwierigkeiten, so doch von da ab bis in Hauptfeuerstellung (mindestens noch 6—800 m Weg!) über freies Feld, unter nach Ansicht des Referenten eigentlich „Begräbniß-

Verhältnissen" ab! Immerhin gelangt auch dieses unter schweren, aber nicht unerträglichen Verlusten, nur jedenfalls wesentlich später, als die Bataillone des linken Flügels bis auf Hauptfeuerstellung.

Ein einheitlicher Sturm ist unbedingt, ein gleichzeitiger auch nach Ansicht des Referenten höchst wahrscheinlich, ausgeschlossen: er spielt sich wie die Dinge liegen, aller Voraussicht nach auf dem einem Flügel mit zwei wesentlich geschwächten Bataillonen, auf dem andern, 800 m entfernten — wenn überhaupt? — eine viertel bis halbe Stunde später mit $1-1^1/_2$ jedenfalls nicht stärkeren Bataillonen ab.

Ein Bataillon der Brigade ist „grundsätzlich" zurückgehalten: von den beiden anderen (Vortruppen-) Bataillonen können günstigsten Falles sich nur einzelne Compagnien (und auch diese meist wohl nur durch „Feuer auf weiteren Abstand") an dieser letzten Entscheidung betheiligen.

Statt der Einheitsthat einer, wenn auch zugestandenermaßen, nur unter mehr oder weniger schweren Verlusten vorgegangenen Brigade, zeigt sich uns das Bild eines Einzelangriffes von zwei — ich behaupte dreist, mindestens ebenso arg mitgenommenen — Bataillonen auf der einen Ecke, und später dann noch einmal eines eben solchen Versuches von vielleicht nur einem Bataillon auf dem andern Flügel der „Gefechtsfront."

Kann man das noch einen „Brigadeangriff" nennen? Sicherlich nein! So behaupte ich, das vorgeschlagene Verfahren des Militair-Wochenblattes kämpft den letzten Entscheidungskampf:

> unter in keiner Weise besser vorbereiteten Verhältnissen durch, als das „Normalverfahren" (Artillerie s. unten): wohl aber tritt es in denselben unter Stärkeverhältnissen ein, denen das „Normalverfahren" noch nach einem (natürlich nur supponirten) Verluste (im unwahrscheinlichsten Falle jener Methode) von vierzig und (im wahrscheinlicheren Falle) von achtzig Procent seines Bestandes gewachsen bleiben würde!

Denn ob in diesem Augenblicke die Hälfte bis drei Viertheil der Männer unthätig bleiben, weil sie durch die „Methode" oder weil sie durch das „feindliche Blei" dazu verdammt sind — bleibt für die

Theorie des Sieges gleichgültig. Damit hat nur zu rechnen, wer den Angriff befiehlt — hier also der Divisionscommandeur.

Nun frage ich aber auch weiter: glaubt der Herr Referent wirklich an eine auch nur annähernd so hohe Verlustziffer des „Normalverfahrens" bloß deshalb, weil es vier Bataillonen zumuthet, was die „Methode" doch auch selbst bei zweien (den Dorf=Bataillonen) nicht vermeiden kann, dafür aber auch zwei Bataillonen ein Verfahren erspart, wie es die „Methode" von ihren beiden Hauptangriffs= Bataillonen verlangt!?

„Aber", wird man mir natürlich wieder vorhalten, „die Mit= wirkung der Artillerie ist außer Ansatz gelassen!"

Allerdings! Denn, was diese Waffe der „Methode", das kann sie (und meiner Ansicht nach noch besser) auch dem „Normalverfahren" leisten! Ihre Hülfe spielt in obigem Vergleich keine Rolle; jeder Leser mag sie so hoch oder niedrig anschlagen, wie er will: das that= sächliche Verhältniß zwischen „Norm" und „Methode" bleibt darum doch immer das oben geschilderte, wenn man die Dinge — „genau und umständlich sich aufbaut"! (s. auch 8).

„Diese Schilderung übertreibt zu Ungunsten der Methode!" — so höre ich den andern Einwand!

Zunächst klingt, was der Herr Referent selbst sagt, doch auch nicht allzu zuversichtlich:

> Wir haben in der Verwendung der Brigade das Gegentheil von dem gethan, was der General von Scherff für richtig hält.
>
> Gewiß ist die Gefahr vorhanden, daß die getrennten Theile der Brigade sich nicht rechtzeitig unterstützen und nicht gemeinsam zusammenwirken, aber diese Gefahr erscheint uns kleiner als die, daß nur Trümmer der im Scherff'schen Verfahren vorgehenden Brigade die Hauptfeuerstellung erreichen!
>
> Die Aussichten der beiden Bruchtheile auf den Sieg halten wir für gesicherter, als die der in diesem Falle einheitlich normal ange= setzten Brigade und ziehen hier die „Muldentheorie" der Begräbniß= theorie einer Revuetaktik vor!
>
> Welche Theorie die richtigere ist, müssen wir der Entscheidung des Lesers überlassen.

Dieser „Entscheidung" kommt nun im richtigen Moment ein Buch zu Hülfe, welches in der eingehendsten Schilderung eines historischen Vorkommnisses geradezu eine Illustration zu der soeben von mir im Einzelnen beleuchteten „Methode des Wochenblattes" bringt, und wie durch das Mikroskop verschärft, die Gefahren und den unausbleiblichen Mißerfolg jener Methode erkennen läßt.

Die Schilderung der „Kämpfe an der Maneeschlucht" und „um die Steinbrüche von Rozerieulles" von Fritz Hoenig lesen sich wie das Original zu den Vorschlägen des Militair-Wochenblattes für die „Durchführung des Angriffes der 2. Brigade im concreten Beispiel," und dieses Beispiel wäre vielleicht ganz unnütz geworden, wenn bei Abfassung der Studie I jene Hoenig'schen „lebenden Bilder" schon bestanden hätten.

Nur einen kurzen Blick brauchen wir auf sie zu werfen.

Da haben wir zunächst den „Einsatz der Gesammtartillerie", der es trotz der bald errungenen Ueberlegenheit über die feindliche Artillerie doch nicht gelingen will, auch die feindliche Infanterie in „erkennbarer" Weise zu erschüttern.

Da haben wir die „Vortruppen", entsprechend der Gesammt-Angriffsinfanterie (8. Corps) in anfänglich etwas geringerem, später in wesentlich höherem Stärkeverhältniß, wie im concreten Beispiel, der „Hauptmasse" weit voraus.

Auch hier suchen dieselben, auf jede mögliche Weise „vom Gelände Vortheil ziehend", sich an den Feind „heranzuarbeiten"; Mulde, Wald, Kiesgruben u. s. f. Compagnie- und Zugweise benutzend und wohl auch über freies Feld vorgehend sich des Kriechverfahrens bedienend.

Das Gelände gestattet ihnen dabei durchgehends eine (wahrlich nicht immer gebotene) gedeckte Annäherung bis auf 600 m an die Hauptfeuerstellung (200 m) des damaligen Gewehrs heran. (800 m vom Waldrande bis an den Feind.)

Weiter sehen wir dann aber das von mir befürchtete „zu Schlacke Brennen" dieser „Vortruppe" sich in immer größerem Style abspielen und zu vereinzelten Nachschüben in immer größerer Dimension und dennoch immer ohne Erfolg führen.

Die Täuschung über die „erkennbaren Erfolge der Artillerie und Vortruppen" fehlt ebenso wenig, wie der Versuch zur Vorführung der Artillerie „1000 m an den Feind heran"; die Auseinanderreißung der Infanterieverbände in Front über alle Grenzen hinaus erscheint mit gleicher Unvermeidlichkeit, wie ihre vollkommene Untereinanderwerfung aus der Tiefe.

Anderes nicht Erwähntes kommt hinzu: die sich fortpflanzende Panik, das Beschießen vorderer Abtheilungen durch rückwärtige, und zuletzt die Erscheinung, daß es trotz ausreichend vorhandener Kräfte doch nicht — weder zu einer „Entwicklung aus der Mulde", noch auch nur zum Sturmversuche kommt.

Genau nach dem Muster dieses Vorbildes aber erhebt das Militair-Wochenblatt hier ein Verfahren zum bewußten System, welches, nach Hoenig's Schilderung, vor 22 Jahren als Versuch der Durchführung auf Grundlage selbständiger Unterführung durchweg gescheitert ist.

Der Hoenig'schen Schilderung hat noch Niemand den Vorwurf „historischer Untreue" zu machen versucht; der damaligen Unterführung den Vorwurf „mangelnder Initiative," der Truppe „mangelhafter Ausbildung im Schieß- und Geländedienst" oder „schlechter Kampfdisciplin" zu machen, wird kaum Jemand wagen.

Woran hat es denn gelegen, daß trotzdem der Erfolg ausgeblieben?

Offenbar doch nur:

entweder an dem mangelhaften Verfahren, dem Mangel an einer den neuen Waffen angepaßten vernünftigen Theorie und praktischen Methode, welche sich nun einmal im letzten Moment nicht improvisiren läßt,

oder an der Unfähigkeit der höheren Führer, den Unterführern „zweckentsprechende Aufträge zu stellen."

Es giebt doch vielleicht zu denken, wenn man sich mit diesem Dilemma den Namen: Wedell, Strubberg, Weltzien, Göben gegenüber befindet!

Nach der Besprechung dieser „Kampfanführung" darf ich aber wohl darauf verzichten, nochmals die Frage ihres Verhältnisses zur „Gefechtsführung" (der Division im concreten Beispiel) hier zu erörtern.

Hoenig, gewiß kein verdächtiger Zeuge für das „Schema eines Normalangriffes", sagt im Schlußabsatz seiner Kämpfe um die Steinbrüche von Rozerieulles:

„Nichts ist sympathischer, als ein solcher Trieb nach vorwärts, nur kann der Trieb gewisser, wenn auch einfacher Gesetze, Formen und Vorkehrungen nicht entrathen!"

Der Leser möge dieses Verlangen an der „Methode" und dem „Normalverfahren" prüfen (s. 8) und sich fragen, welchen Einfluß solche „reglementarische Methode" auf jenen einst vorhanden gewesenen „Trieb zur Offensive" mit der Zeit wird ausüben müssen!?

6. Mißverständnisse.

Schwieriger, als die Darlegung unserer verschiedenen „Meinungen" über die Durchführung des concreten Beispiels der Studien, gestaltet sich die Auseinandersetzung zwischen dem Herrn Referenten und mir in Betreff der von ihm weiterhin erhobenen Bedenken.

Dem polemischen Charakter dieser Arbeit getreu, werde ich aber trotzdem auch dieser Erörterung mich um so weniger entziehen dürfen, als gerade in ihr am besten zu erkennen sein wird, wie leicht — selbst beim besten Willen — statt der beabsichtigten Aufklärung des Lesers, eine Verwirrung der Begriffe bei ihm erzeugt werden kann, wenn dem an die Spitze der Studie V gestellten Grundsatze: „sich zunächst über Namen und Begriffe zu verständigen", nicht volle Rechnung getragen wird.

Ich zweifle fast nicht daran, daß wenn dies erst durch eingehende Besprechung der in den nachfolgenden Sätzen des Militair-Wochenblattes vorgebrachten Einwände geschehen sein wird, dieselben — Angesichts des ja beiderseits vorhandenen Strebens nach einer Einigung — sich als bloße Mißverständnisse herausstellen werden.

Freilich gestaltet sich die Auflösung solcher Mißverständnisse zu einer um so langwierigeren Aufgabe, aus je mehr am mißverstandenen Ende angefaßter Fäden sich ein solcher Gedanke verknotet zeigt.

Ich beginne mit der Bemerkung des Wochenblattes zu Studie V, 3, „Theorie und Gelände", wo es heißt:

„Diese Ueberschrift ließ uns vermuthen, daß wir hier den Kern der Sache finden würden.

Der Anfang eines Satzes auf Seite 30 ließ auch solches erhoffen, der Schluß enttäuscht aber; es heißt dort: ‚Ich erachte es für unerläßlich, daß diese Frage des Geländeeinflusses eine klare und bestimmte Antwort findet, die freilich mehr in das Feld der Gefechts- als der Kampflehre gehören würde, und die wir deshalb vorläufig hier auf sich beruhen lassen.'

Wir hoffen, der Herr General holt dies nach.

Reglementarische Bestimmungen, wie er sie verlangt, können sich doch nur auf eine Gefechts- und Kampflehre gründen, und wir müssen wissen, wie diese aufgefaßt wird (!), um verlangte reglementarische Bestimmungen richtig würdigen zu können."

Bereits in Studie I, 1 hatte ich betont, daß „Kampf- und Gefechtslehre" von mir nicht als ein sich deckender Begriff aufgefaßt „wird", es vielmehr von einer schlechthin entscheidenden Bedeutung für eine „brauchbare reglementarische Theorie" sei, daß diese beiden Ausdrücke als zwei getrennte Begriffe aufgefaßt „werden"!

Nicht minder bestimmt ausgesprochenermaßen sollte deshalb in den „Reglementarischen Studien" immer nur von der „Kampflehre" als derjenigen theoretischen Grundlage für eine reglementarische Norm die Rede sein, wie die Durchführung eines infanteristischen Frontalangriffes sich in jedem Gelände zu gestalten habe?

Die von mir in ihrer Bedeutung für den taktischen Erfolg (wie man mir am Ende glauben wird) keineswegs unterschätzte Frage: welches Gelände (Angriffspunkt bez. Angriffsrichtung?) man für die Durchführung eines Offensivactes zu bestimmen, auszusuchen, zu wählen, zu vermeiden habe u. s. f., war damit aus meiner „Kampflehre" ausdrücklich eliminirt und in die „Gefechtslehre" verwiesen worden.

Damit war dann auch gleichzeitig ausgedrückt, daß, wenn die „Gefechtsführung" es für angezeigt erachtet hat, ihrer Gesammt-Truppe räumlich getrennte Angriffsrichtungen anzuweisen, die in den Studien angestellte Untersuchung über ein „reglementarisches Verfahren" sich immer nur auf den einen an einer Stelle eingesetzten Truppen-Theil zu beziehen, das vorgeschlagene „Verfahren" also allerdings g. F. „von der Brigade auf Regiment und Bataillon" überzugehen habe.

Keineswegs ist es nun aber nöthig, daß „deshalb" das empfohlene Verfahren sich für jeden Einzelfall innerlich anders gestalten müsse, wie der Herr Referent das glaubt, wenn er sagt:

„Auf Seite 35 (?) heißt es, daß die ‚reglementarisch feststehenden Formen' bei der Geländebenutzung sich ‚darum doch in hundertfältigen Verschiebungen an den Einzelfall anpassen lassen' und Seite 22 soll auf Dämmen durch Sumpfland das Normalverfahren der Brigade auf Regiment, Bataillon u. s. f. übergehen.

Jeder Unterführer muß also beurtheilen (?), sobald er auf Geländeschwierigkeiten stößt, welche Verschiebung des Normalverfahrens er für nothwendig hält (!), ob er am Normalverfahren der Brigade, oder des Bataillons u. s. f., also eventuell der Compagnie, des Zuges festhalten will (!); die Reglementarisirung muß sich also entweder auf alle diese hundertfältigen Verschiebungen erstrecken oder sie hört auf, eine volle und absolute zu sein und wird eine facultative."

Angesichts der Unterscheidungen, die der Herr Referent hier macht, muß ich ihm allerdings ein „facultatives Normalverfahren" insoweit einräumen, daß, wenn ein Regimentscommandeur (wie z. B im concreten Beispiel des Wochenblattes) nur ein Bataillon zur Durchführung eines Angriffes übrig behält, er nicht an dem „Normalverfahren eines Regiments festhalten" kann. In solcher Lage wird es aber doch auch kaum auf eine besondere „Beurtheilung" ankommen, ob er das „will" oder nicht.

Fraglich dagegen erscheint es mir, ob man es ein „nur facultatives" Verfahren nennen darf, wenn, wie ich das gleichfalls ausdrücklich verlangt habe, die einfachen Gesetze des Normalverfahrens: je nach der Stärke der durchführenden Einheit, je nach der Nähe am Feinde, auf welche das Vorbrechen aus erster Entwicklung erfolgen kann, je nach der Verschieden=Gestaltung des von jeder Unterabtheilung geradeaus zu durchschreitenden Geländes, je nach der Heftigkeit und Wirkung des feindlichen Feuers, je nach den Gegenmaßnahmen des Vertheidigers u. dgl. sich in „tausendfältiger Verschiebung" anwenden lassen.

Meines Erachtens bleibt auch so „Gesetz" — „absolutes Gesetz", und es ist nur die Befangenheit in dem künstlich erzeugten Vorurtheil, daß jede reglementarische Vorschrift ein „geistloses Schema" sein müsse, die den Herrn Referenten voraussetzen läßt, daß deshalb auch jede von mir eingestandene „Verschiebung" — schematisch festgelegt sein müsse, um g. F. nur aus der Schublade gezogen werden zu können.

Dergleichen galt doch wohl schon nicht einmal mehr den „Formen" des Reglements von 1812 gegenüber, und sicherlich beansprucht doch auch der Herr Referent für seine „in der Zeit erwartete Methode" — eine vernünftige Anwendung.

Sollte sich nicht nach Klärung dieses „Mißverständnisses" auch eine „Einigung" in Betreff des „Normalverfahrens" selbst finden lassen, wenn man sie nur finden **will**! ?

So steht denn weiterhin auch unzweifelhaft dem Militair-Wochenblatt das Recht zu, meine Definition von „Namen und Begriffen" zu beanstanden, zu widerlegen u. s. f., unmöglich kann ich ihm aber die Berechtigung einräumen, mir daraus einen Vorwurf zu machen, daß ich die nach meiner Auslegung gar nicht zu den „reglementarischen" („Kampf-") gehörige Frage nach der Wahl des Geländes für einen Angriff, nicht auch gleichzeitig mit derjenigen nach der Benutzung eines gegebenen (günstigen oder ungünstigen) Geländes im Angriff behandelt habe.

Was ich in dieser Beziehung hier „nachholen" soll, steht ja schon von Anfang an in den Studien, nämlich: daß mein „Normalverfahren" unabhängig vom Gelände functioniren, d. h. sich jedem Gelände „anpassen lassen" soll.

Demgegenüber liegen bei der „Gegenschule" diese „Gelände-Verhältnisse" durchaus nicht ebenso klar zu Tage, wie bei mir; denn, weil hier — wie z. B. im Reglement 1888 und beim Herrn Referenten in den oben citirten Sätzen — die Begriffe von „Kampf- und Gefechtslehre" nicht getrennt werden, so ist die „Wahl des Angriffsweges" immer mit in die reglementarischen Fragen einbegriffen, ohne daß dabei jedoch Grenzen angegeben werden, wieweit dieses „selbständige Recht der Unterführung" denn gehen soll?

Wenn das Reglement kurzhin sagt: alle Entwicklung (siehe Studie I, 4) erfolgt lediglich durch Auftrag an die Unterführung, welcher in der Durchführung ihres Auftrages (d. i. Erreichung ihres Angriffszieles) freie Hand zu lassen ist, so bin ich von meinem Standpunkte aus um so mehr berechtigt, zu fragen:

wieweit geht solche freie Hand in Bezug auf die Auswahl des zu durchschreitenden Geländes?

als schon allein darüber, wohl „soviel Meinungen" als „kritisirende Vorgesetzte" bestehen dürften: dem einen drücken sich die Schützen „zu viel", dem andern „zu wenig" in einer Deckung zusammen.

Wenn weiterhin der Herr Referent (auch darin als Repräsentant anderer Gegner) kurzhin das eine Mal sagt: der Angriff über freies Gelände ist Selbstvernichtung, Begräbniß erster Klasse, unmöglich u. dgl. m.; dann aber doch wieder fortfährt:

„wenn die Hauptfeuerstellung von der Masse der Infanterie erreicht werden muß, ohne Schutz im Gelände zu finden, so ist hier eine

Reglementarifirung am Platze, d. h. der Normalangriff für den einfachsten Fall, den Angriff über die freie Ebene, für den wir uns schon in Nr. 79 des Militair-Wochenblattes ausgesprochen haben",

so bin ich doch wohl um so mehr berechtigt, zu fragen:

worin besteht diese Reglementarifirung?

als ich glauben möchte, daß, wenn wir erst darüber klar sehen können, wie — nöthigenfalls — nach dortseitiger Ansicht ein Angriff „über freies Feld" (ohne Artillerie und Umfassung) geführt werden soll, es auch keine Schwierigkeiten mehr haben wird, sich „vorzustellen", wie ich mein Normalverfahren „im gedeckten Gelände" anwenden will.

So wiederhole ich denn hier nochmals (siehe Studie V) meine „Frage nach dem Geländeeinflusse" in bestimmter Formulirung dahin:

1. hat ein mit „selbständigem Auftrage" von einem bestimmten Ausgangspunkte gegen einen bestimmten Angriffspunkt „in das Gefecht entlassener" Unterführer (sei es, daß er allein, sei es, daß er im Verbande auftritt) das Recht, sich seinen Weg dahin in voller Unabhängigkeit, lediglich nach der Gunst des Geländes zu wählen — oder nicht?

2. hat er g. F. das Recht, wenn dieser Weg geradeaus ihm wegen ungünstiger Deckungsverhältnisse unmöglich (zu verlustreich) erscheint, sich nicht nur durch weiteres Ausholen im Gelände (Umfassung u. s. w.) einen andern Weg zu suchen, sondern unter Umständen auch ganz von seinem Auftrage abzustehen und sich statt gegen das gegebene Object A, gegen das ihm bessere Erfolgsbedingungen in Aussicht stellende Object B zu wenden — oder nicht?

3. g. F. wenn er dieses Recht nicht hat, ihm also der Raum, innerhalb dessen er seinen Angriff durchzuführen hat, ebenso bestimmt vorgeschrieben werden kann, wie ich das im Normalverfahren verlange: worin besteht die „freie Hand," die das Reglement ihm gelassen sehen will? Ist darunter dann nur die freie Benutzung von Kraft und Zeit insofern verstanden, daß es jedem Unterführer „nach eigenem Urtheil" und „unabhängig von dem, was seine Nachbarabtheilungen thun", freisteht, wie viel Gewehre er einsetzen, wie lange er in einer Deckung verweilen will u. dgl. m. — oder auch das nicht?

Eine klare, zweifelsfreie Antwort auf diese Fragen kann ich im Reglement nicht finden, und thatsächlich gehen denn auch die Ansichten in Betreff aller drei erwähnten Factoren: „des Rechtes der Unterführung auf die Wahl ihres Angriffs-Weges," „der Bestimmung des zu machenden Kraft-Einsatzes" und „der zu verwendenden Zeit", noch außerordentlich weit auseinander.

Jeder „Unterführer" wird mir das bestätigen, dem zwar nicht mehr „Schritt und Tritt seines Verhaltens vorgeschrieben ist", der aber in der Ausführung seines Auftrages „auf Schritt und Tritt immer anders" — der Herr Referent hat es ja selbst oben beklagt — „kritisirt wird", weil es an einer festen Theorie und Methode in dieser Richtung fehlt.

Wenn daher das Militair-Wochenblatt den von mir bekannten „Glauben": daß das „Normalverfahren nicht die geistigen Größen verdrängen, nicht in einen geistlosen Schematismus ausarten müsse," nur durch die Behauptung zu widerlegen versucht:

> „Mit welcher Lust und welchem Erfolge wird dort gearbeitet, wo Jeder seinen bestimmten Auftrag hat und ihm innerhalb der Grenzen desselben (?) volle Freiheit gelassen wird; wie niedergedrückt und müde hingegen dort, wo Jedem Schritt und Tritt in der Ausführung seines Auftrages vorgeschrieben ist",

so muß ich hier doch sehr bestimmten **Protest** dagegen erheben, daß zu Zeiten des alten „Schemas", „Normalverfahrens", „Reglements" etwa mit geringerer Lust und Liebe „gearbeitet" worden wäre, als heutzutage, und kann nur hoffen, daß die Ersetzung der „Norm" in reglementarischen Dingen durch die „lediglich persönliche Kritik" daran niemals etwas ändern möge; einen Beweis aber finde ich darin nicht!

Ich stehe durchaus auf dem Standpunkte, dem Untergebenen seine „Selbständigkeit" zu lassen, überall wo sie hingehört, ihm aber auch die „Norm" zu geben — wo er sie braucht.

Wer Anschuldigungen, wie die oben citirten auf den bloßen Namen „Normalverfahren" hin erhebt, hätte mindestens die Pflicht gehabt, dem Publikum gegenüber auch näher auf die Sache einzugehen, als das in den vorliegenden Abhandlungen geschehen ist.

Die Zweifel, welche das Reglement in Betreff des Rechtes der Unterführung auf Auswahl ihres Angriffsweges bestehen läßt, werden auch durch die Entgegnung nicht behoben, welche der Herr Referent des Wochenblattes auf meine Frage giebt: warum sich der gegen das Angriffsziel B—C¹ dirigirte Regimentscommandeur nicht gleichfalls „in die Mulde" ziehe? Er sagt:

„Ueberlegung kann nur eintreten innerhalb eines gegebenen Auftrages oder Befehls.

Mit einem Regimentscommandeur, der einfach nicht gehorcht, wird auch wohl kein Normalverfahren durchführbar sein.

Hat irgend ein Führer den Befehl, über freies Feld vorzugehen, so muß es sein.

Wir können nirgends aus dem Infanterie-Exercier-Reglement herauslesen, daß es den Unterführern gestattet ist, sich „in jedem für minder ungünstig erachteten, auch nicht in ihre Gefechtsfront fallenden Nebenfelde g. F. mit den dort schon vorgehenden Nachbarabtheilungen zusammenzudrängen."

Nur läßt sich auch noch weniger herauslesen, daß ihnen das verboten ist!

Findet sich (?) kein günstiges Gelände, um gedeckt zum Angriff vorzugehen, so muß es über ungünstiges geschehen, der Angriff aber dann desto gründlicher durch Artillerie, Vortruppen und Umfassung vorbereitet werden!

Wer aber hat das Recht der „Suche nach günstigem Gelände"?

Offenbar übersieht der Herr Referent in den vorstehenden Sätzen, daß ja gerade das „Reglement" einen Befehl, wie er ihn voraussetzt, überhaupt verbietet, indem es an seiner Stelle für die Entwicklung (s. Ex.-R. Batl. Regt. Brig.) überall den selbständigen Auftrag fordert, in dessen Durchführung dem Unterführer freie Hand gelassen werden müsse.

Freilich in seinem concreten Beispiel setzt sich der Herr Referent mit dieser reglementarischen Vorschrift seinerseits in directen Widerspruch, indem er hier offenbar den Brigadecommandeur „befehlen" läßt, daß vier Bataillone „durch die Mulde" und zwei „über freies Gelände durch das Dorf" vorzugehen haben!

Glaubt der Referent nicht selbst, daß, wenn er — wie das Reglement das doch bestimmt verlangt — dem Commandeur des „Dorf-Regiments" statt des bestimmten „Befehls" nur den „Auftrag" gestellt hätte, „aus der Reservestellung bei Y gegen B—C¹ vorzugehen", — glaubt er nicht, sage ich, daß dieser „Unterführer" dann doch wohl schwerlich den höchstens im Dorfe selbst auf einige hundert Meter Deckung gewährenden, 3000 m langen Weg „über das Dorf" eingeschlagen hätte, statt — wenn er darf! — mit seinem einen Bataillon gleichfalls die „Mulde" zu benutzen, um so, nach ganz kurzem Weg im feindlichen Feuer, sich nur 8—900 m gedeckt fortziehend, unter ja vom Herrn Referenten selbst für viel günstiger erachteten Verhältnissen seinem Objecte gegenüber in „Hauptfeuerstellung" zu gelangen?

Umgekehrt aber auch: führt nicht mindestens doch für das eine der beiden zum Hauptangriff angesetzten Bataillone (f. 5) der grade Weg von Y her gegen sein Angriffsobject über freies Feld? Warum aber wird diesem trotzdem gestattet, die „Mulde" als Annäherungsweg zu benutzen, jenem andern nicht?

Offenbar liegen hier Gründe vor, um derentwillen der Herr Referent eine Theilung der mit dem einen Angriff gegen B—C „beauftragten" Gesammtbrigade in eine „Gelände-begünstigte" und eine „Gelände-benachtheiligte" Gruppe vorgenommen hat! Gründe, welche sich vielleicht noch einflußreicher geltend gemacht hätten, wenn im concreten Beispiel die Aufgabe dahin gelautet hätte: die 1800 m lange Linie B—C unter genau entsprechenden Geländeverhältnissen mit zwölf Bataillonen anzugreifen!

Ich lasse es dahingestellt, ob auch dann der Herr Referent nur die Zweitheilung der Division (z. B. mit 8 Batl. durch die „Mulde"; 4 Batl. über das „Dorf") beibehalten haben würde?

Jene Gründe kann ich nun aber nur in der Besorgniß auch des Herrn Referenten finden:

durch Vorführung von fünf Bataillonen durch die Mulde, dieselbe damit zu überfüllen, und in Folge dessen die Entwicklung aus der Mulde in Hauptfeuerstellung, eines Theils allzusehr zu verzögern, andern Theils auch zu gefährden!

Würde doch in der That im concreten Beispiel schon diese „Entwicklung", selbst nur der oben erwähnten zwei Bataillone in beschriebener Weise (f. 5) vom Augenblick des Vorbrechens der ersten Compagniestaffel mit Schützen aus der Mulde bis zur vollendeten Einrichtung in Hauptfeuerstellung mindestens zwanzig Minuten Zeit in Anspruch nehmen, oder wenn nicht glücklicher Weise die deckende „Terrasse" da wäre, sich für die äußersten Flügelabtheilungen der aus der Mulde „aufmarschirenden" Bataillone zu einem Diagonal- bez.

Flankenmarsch von mindestens 400, eventuell 700 m Länge (6 bis 10 Minuten Zeit) im wirksamsten feindlichen Feuer gestalten.

Zwei bis drei (geschweige bei der Division 4—6) Bataillone mehr würden diese Uebelstände aber natürlich noch wesentlich steigern.

Obgleich er es nicht ausdrücklich ausspricht, muß also doch wohl auch der Herr Referent das Bewußtsein gehabt haben, daß es eine **vernünftige theoretische Grenze** giebt, jenseits deren ein mit einer bestimmten Truppenstärke (hier Brigade) mit dem Angriffe einer bestimmten (hier etwa 1200 m breiten) feindlichen Stellung „beauftragter" Truppenführer nicht umhin kann:

einem Theil seiner Gesammttruppe zuzumuthen, auch über „ungünstiges Gelände" vorzugehen, obgleich sich auf seiner „Gesammt-Angriffsfront" (hier etwa 1200 m) „günstigeres Gelände" auch für diesen Theil „**findet**" (s. oben).

Wenn dem aber so ist, so muß es meines Erachtens auch reglementarisches Recht dieses höheren Commandeurs sein, solche Nebeneinanderordnung der einzelnen Theile seiner Gesammtkraft in jedem Gelände, nach seinem eigenen Urtheil, auf Grund einer „vernünftigen Theorie" ebenso bestimmt zu befehlen, wie das im Beispiel des Militair-Wochenblattes thatsächlich (ob zweckmäßig oder nicht, bleibt dabei ganz gleichgültig) aber jedenfalls gegen das Reglement geschehen ist.

Nur wenn der höhere Commandeur solches Recht, der Unterführer dann aber auch die Pflicht hat, den ihm durch solche „Vertheilung" vorgeschriebenen Weg geradeaus unabänderlich festzuhalten, kann meines Erachtens Jener auch die Verantwortung für den weiteren Verlauf innerhalb seines Befehlsbereiches wirklich tragen.

Ich muß aber bei der Behauptung verharren, daß das Exercier-Reglement 1888 diese „Rechte und Pflichten" nicht so vertheilt, wie es dem Bedürfnisse entspricht, wenn es verlangt, daß in fortlaufender Folge den Unterführern nur selbständige Aufträge gegeben werden dürfen, deren Durchführung dann lediglich in ihre Hand gelegt bleiben soll.

Das Militair-Wochenblatt findet zwar im Reglement nicht das Recht der Unterführung auf freie Wahl ihres Angriffsweges, ich finde aber meinerseits darin ebenso wenig die Pflicht der Unterführung auf Innehaltung eines bestimmten Angriffsweges, wenn dieser Weg in seiner Gesammtheit oder auch nur stellenweise keine günstige Deckung bietet und eine günstigere sich in der Nähe „findet" (vergl. die 59. Compagniereste in St. Hubert.).

Jedenfalls wäre eine authentische Declaration zu wünschen; denn in der Praxis erhebt der eine Vorgesetzte den Vorwurf, daß sich „die Truppe zu sehr in einer Deckung zusammengedrängt habe", indeß der andere findet, daß „die vorhandene Deckung nicht ausgiebig genug benutzt worden sei".

„Reglementarisch" gesprochen nennt man jene „Breitenvertheilung" einer bestimmten Truppeneinheit auf eine bestimmte Front bekanntlich ihre frontale Entwicklung, welcher heutzutage (was ebenso bekanntlich nicht immer nothwendig erschien) zur Gewährleistung eines zweckentsprechenden Verfahrens in der Zurücklegung der jedem einzelnen Fronttheile damit vorgeschriebenen Weges (geradeaus auf sein Object) eine dadurch mitbedingte Tiefen-Gliederung bez. Entwicklung entsprechen muß (s. darüber ausführlich Stud. V, 3).

„Entwicklung und Verfahren" bilden somit den engverbundenen Gegenstand einer „Reglementarisirung des Angriffes", welche wie oben (s. 3) auseinandergesetzt im „Auftragskampfe" aber für unnöthig bez. unmöglich angesehen wird.

Wer trotzdem für das „Verfahren" eine „reglementarisch festgelegte Methode" verlangt oder erhofft, muß solche Forderung auch schon gegenüber der „Entwicklung" für berechtigt anerkennen, wie umgekehrt nur dadurch, daß schon die „Entwicklung" reglementarischen Vorschriften unterworfen wird, auch für das „Verfahren" eine Methode festgelegt werden kann.

Auch das Militair-Wochenblatt muß sich dieser logischen Consequenz fügen.

Wenn es „für den einfachsten Fall des Angriffes über die freie Ebene" eine „Reglementarisirung" verlangt, welche besonderen Werth auf die „Vorbereitung durch Artillerie, Vortruppen und Umfassung" legen müsse, so ist klar, daß

1. die andere Waffe (Artillerie) und die andere Angriffsrichtung (Umfassung) doch unbedingt nichts mit dieser „Reglementarisirung an sich" zu thun haben; daß aber auch

2. eine Reglementarisirung lediglich des Verhaltens der Vor=
truppen allein nicht ausreichen kann.

Nachdem ich oben, hoffentlich diesmal überzeugender, nachgewiesen habe, daß eine schwache „Vortruppe" ohne nahe Unterstützungen, sowohl in günstigem wie ungünstigem Gelände ihren Zweck verfehlen wird, kommt es bei solcher „Reglementarisirung" deshalb wesentlich auch auf die Verknüpfung der Thätigkeit der „Hauptmasse" mit derjenigen der „Vortruppe" — damit in erster Linie auf die

reglementarische Entwicklung (Breiten= und Tiefen=
gliederung)

der Gesammt=Truppe an.

Den entscheidenden Punkt für diese „Reglementarisirung" bildet nun aber (wie gleichfalls früher schon ausführlichst dargelegt):

die Möglichkeit einer frontalen Kraft=Entfaltung
und Erhaltung auf wirksamste Schußweite,

weil eben die Grundbedingung allen Erfolges, auch nach dem Reglement 1888, in der „Erringung der Feuerüberlegenheit über den Gegner" gesucht werden muß.

Wo nun das Gelände solche frontale Entfaltung der verfügbaren Kräfte für diesen Zweck auf nahen Abstand vom Feinde und damit später gestattet, da wäre es selbstverständlich eine ebenso große Unge= schicklichkeit, von diesem Vortheil keinen Gebrauch zu machen, schon auf weiten Abstand verfrüht „aufzumarschiren"; wie es z. F. ein, wie der Herr Referent sagt, „an Dummheit grenzendes Verfahren" bilden würde, die „Entwicklung" immer auf dem Wege des „Auf= marsches" vorzunehmen, auch wo sie durch „Einschwenkung" nicht unwesentlich beschleunigt werden könnte.

Immerhin bleibt aber doch die Thatsache bestehen, daß der vom Reglement bei allen „Entwicklungen" in den Vordergrund gestellte, sogar „allmähliche Aufmarsch" (Verbreiterung der Gefechtsfront), die Bevorzugung dieses Verfahrens in nicht immer glücklicher Weise be= fördert hat.

Jedenfalls könnte es deshalb nur als Fortschritt begrüßt werden, wenn der oberste Anführer einer zu einem Angriffe bestimmten Truppeneinheit wiederum, wie früher, ihre Entwicklung nach Art und Zeit bestimmt zu befehlen und nicht bloß auf Grund viel=

leicht beim besten Willen noch gar nicht klarzustellender „Aufträge" den Unterführern zu überlassen hätte.

Insofern sich von dieser „ersten gedeckten Entwicklung" ab noch weitere Deckungen mehr oder weniger parallel mit der feindlichen Stellung und eigenen Entwicklungsfront zwischen dieselben einschieben, liegt eine Verschiebenheit ihrer Benutzung an sich zwischen dem „Auftrags=" und dem „Normal=Verfahren" nicht vor.

Eine solche kann sich nur, wie oben erwähnt, auf eine verschiedene Ausnutzung von „Kraft und Zeit in diesen Deckungen" beziehen, auf welche wir später zurückkommen müssen.

Nun ist es aber die Eigenart der — wie ich jetzt wohl allgemein= verständlich sagen darf — „Muldentheorie", daß sie auch senk= recht oder schräg an die feindliche Stellung näher heranführende „Deckungen" für mehr Kräfte in Anspruch nehmen will, als nach den Grundgesetzen der natürlichen Verhältnisse (auf der Ebene) zwi= schen Breiten= und Tiefengliederung einer Truppe (s. Stud. II) auf diesen Raum entfallen würden.

So haben wir gesehen, daß der Herr Referent auf eine Breite, welche die gleichzeitige Entwicklung von nur 200 Schützen gestattet, in seinem concreten Beispiel: 2—3, event. sogar vier Bataillone eingetheilt hat, und vielleicht, wenn es sich um die Vorführung einer Division handeln würde, auch keinen Anstand genommen hätte, sechs bis acht Bataillone auf die „Mulde" anzuweisen; wie ja das Beiheft Nr. 6 zum Militair=Wochenblatt 1891 (s. Stud. V, S. 24) ganze Divisionen in solche Deckungen hineinschieben will.

Schließlich müssen nun aber doch die so in senkrechte An= näherungsdeckungen eingesäbelten Kräfte — auch nach Ansicht des Reglements und des Wochenblattes — sich der gegnerischen Stellung gegenüber wieder in Parallel=Front „entwickeln", was, wie ich oben nachgewiesen, um so länger dauert, folglich mit um so relativ größeren Verlusten verknüpft ist, je mehr Truppen die Mulde benutzt haben, je näher am Feinde sich die Entwicklung vollziehen muß, oder je weiter die ungedeckten Aufmarschwege dabei werden.

Im Sinne eines „vernünftigen Ausgleichs" (s. 3) in diesen Ver= hältnissen, habe ich s. Z. (s. Stud. II) es deshalb als reglemen= tarische Regel hingestellt gehabt, daß grundsätzlich auch auf solche senkrechte Geländedeckung (gedeckten Annäherungsweg) nicht mehr

Kräfte angewiesen werden dürften, als diese Deckung frontalen Entwicklungsraum bietet, und als nach den Wahrscheinlichkeits-Anforderungen des Kampfes (f. Stud. II, S. 34/35) Kräfte für die Unterstützung dieses Fronttheiles aus der Tiefe nothwendig erscheinen.

Umgekehrt hatte ich darum für jede zur Durchführung eines Angriffes bestimmte Truppen-Einheit eine reglementarische (Normal-) Frontbreite von grundsätzlich $1/3 — 1/4$ soviel Meter (Raumbedürfniß eines Schützen in Front) verlangt, als diese Einheit Gewehre zählt (f. Stud. II).

In jedem nennenswerthen Mehr sehe ich nicht nur keinen Vortheil, sondern einen um so größeren Nachtheil, je fraglicher dadurch die Möglichkeit späterer Frontalentwicklung (f. Kämpfe um die Manceschlucht), wegen der Anhäufung von Kräften in einer Form (Tiefcolonne) wird, welche den moralischen Eindruck auch schon an sich geringerer Verluste leicht wesentlich steigert.

Treten solche Verluste, wie das bei nicht ganz genauer Localkenntniß sehr leicht geschehen kann, gar z. B. durch überraschendes Flankenfeuer gegen die angehäuft längs der Mulde sich vorschiebenden Massen ein, so erscheint eine Katastrophe schier unvermeidlich.

Um über die „theoretisch zweckentsprechenden Grenzen" sich in dieser Richtung mit dem Militair-Wochenblatt einigen zu können, würde es von Werth sein, wenn der Herr Referent über die Motive für die von ihm im concreten Beispiele beliebte Vertheilung der Kräfte in Front (Entwicklung) sich später einmal eben so klar aussprechen würde, wie wir das in Betreff seiner Ansichten über den Anschluß der Thätigkeit der „Hauptmasse" im Angriff an diejenige der „Vortruppe" in freier Ebene (Verfahren) von ihm erhoffen.

Offenbar nämlich kann es für diesen Zweck nicht ausreichen, wenn der Herr Referent in dieser Richtung sich mit der Schilderung begnügt:

„Nur unter dem Feuerschutz dieser bereits im Gelände eingenisteten (Vortruppen) Schützen ist das Vorgehen der Infanterie überhaupt möglich.

Von einem Feuer dieser letzteren kann nicht eher die Rede sein, bis sie die Linie der Vortruppen erreicht hat. (Jedenfalls habe ich in den Studien das nicht bestritten!)

"Diese Masse bewegt sich in dichter Schützenlinie mit folgenden geschlossenen Abtheilungen, und diese dichte Linie muß reglementarisch nach Commando bewegt werden, von einem Suchen nach Einzeldeckungen kann nicht mehr die Rede sein. (!!)
Hier muß auch der Fall in's Auge gefaßt werden, daß wir gar kein deckendes Gelände für die Hauptfeuerstation (und doch wohl auch auf dem Wege dahin) finden, dann bleibt nichts übrig, als die dünne Linie der Vortruppe in eine dichte Linie zu verwandeln und sie sprungweise wellenförmig vorzutreiben (!!), wobei dann à la Scherff oder ähnlich verfahren werden kann."

Wir werden später (s. 8) auf diese Vorschläge zurückzukommen haben, bei welchen der Herr Referent leider vergessen hat, daß die Specialisirung seines „ähnlichen" Verfahrens für die Beurtheilung meiner Vorschläge — eigentlich die Hauptsache gewesen wäre.

Vielleicht, wenn er das nachholen wollte, würde eine „genaue und umständliche" Entwicklung seiner eigenen Vorschläge ihn am raschesten von der Nichtigkeit meiner von ihm bestrittenen Auffassung überzeugen, daß

„die Einheitlichkeit der kriegerischen Handlung (im Angriff) ihren greifbaren Ausdruck lediglich in dem frontalen Zusammenhange der kämpfenden Truppe findet", und daß

„zur Aufrechterhaltung dieses Zusammenhanges, namentlich in der Bewegung von jeher reglementarische Formen und Bestimmungen für unerläßlich galten",

wie der Herr Referent sie ja in den oben citirten Sätzen selbst verlangt.

Wenn er sich dann aber trotzdem auf den Satz beruft:

„Die Kriegsgeschichte kennt eine Menge von Siegen, die mit räumlich getrennten Abtheilungen erfochten wurden".

so bemerke ich dem gegenüber, daß das meines Wissens (vielleicht seltenste Glücksfälle ausgenommen) doch immer nur da geschehen ist, wo auch beim Gegner der frontale Zusammenhang, sei es wegen begangener Fehler (!), sei es aus andern Gründen des Geländeeinflusses, **nicht vorhanden war.**

Wenn im concreten Beispiel der Raum zwischen „Mulde" und „Dorf" für beide Theile ungangbar angenommen gewesen wäre, so würde auch ich kaum ein Bedenken gegen die vorgeschlagene „Trennung" haben erheben können (s. Stub. V), und mein „Brigade-

Normalverfahren" wäre dann eben schon von Y aus in das „Normalverfahren eines Regiments beim Dorfe" und „eines Regiments in der Mulde" als den beiden allein möglichen Wegen — übergegangen.

So wie die Dinge thatsächlich liegen, halte ich aber doch lieber an der „Einheitlichkeit" fest, und wenn das Militair-Wochenblatt fürchtet, daß

> „die veränderte Natur der Dinge der modernen Streitmittel sich auch hier durch Vernichtung der starr (?) festgehaltenen Einheit rächen"

würde, und sich dabei Angesichts meiner Vorschläge:

> „eines mit großem Aufwande von Scharfsinn geschriebenen Aufsatzes von 1806 erinnert, der bewies, daß das Auflösen der Massen in Schützenlinien die einheitliche Verwendung der Massen unmöglich machen und deshalb zu verwerfen sei",

so muß ich es dahingestellt sein lassen, ob man seine Auseinandersetzungen in diesen Nummern 42—44 nicht vielfach, als einen mit vielem Scharfsinn geschriebenen Aufsatz ansehen muß, der „beweisen" soll, daß

> die Anhäufung von Massen in einer deckenden Mulde, aus welcher sie sich nur im wirksamsten feindlichen Feuer entwickeln können, und ihre getrennte Verwendung in Einzelangriffen

„erfolgversprechender und deshalb empfehlenswerther sei", wie eine

> reglementarisirte Schützentaktik, und der uralte Grundsatz daß „Einheitlichkeit Stärke giebt".

In letzter Instanz finde ich mich aber doch wieder mit dem Herrn Referenten dahin zusammen, daß

> „in allen diesen Dingen noch ein großes Chaos der Meinungen herrscht",

zu dessen möglichster Abstellung ich in einer Schlußvergleichung, die „noch sehr verschiedenen Grundsätze des Verfahrens" zusammenstellen, und dazu dann gleich auch das — von dem Verfahren des Wochenblattes im concreten Beispiel wieder wesentlich abweichende — Normalverfahren des Oberstlieutenant v. Malachowski, wie es trotz alledem auch von diesem Autor in Vorschlag gebracht ist, heranziehen werde (s. 8).

7. Die Malachowski'sche „Scharfe Taktik" und die „Reglementarischen Studien."

Insofern das Buch: „Scharfe Taktik und Revuetaktik im 18. und 19. Jahrhundert" des Oberstlieutenant D. von Malachowski sich als eine Geschichte der Entwicklung der Taktik in dieser Zeitperiode darstellt, entzieht es sich einer Besprechung an dieser Stelle.

Wir haben es mit demselben hier nur in seiner Eigenschaft als einer Polemik gegen die heutige „Revuetaktik" zu thun, als deren -- mindestens allein namhaft gemachten — Hauptvertreter der Herr Verfasser mich seinem Publikum vorzuführen für angezeigt erachtet, indem er gleich in der „Einleitung" S. 2/3 sagt:

> „Die Taktik nun, die Alles von der reglementarischen Gleichmäßigkeit erwartet, die auf dem Exercierplatz oder am grünen Tisch erkünstelt und für den Krieg unbrauchbar ist, die meist nur auf ein Schauspiel und ein kritiksestes Gefechtsexerciren hinausläuft, ist die Revuetaktik. Sie ist, zumal in längeren Friedensperioden, der gefährlichste Feind der scharfen Taktik, indem sie diese auf allen Punkten immer von Neuem zurückzudrängen sucht.
>
> Diese Thatsache in den großen Perioden der neueren Geschichte der preußischen Taktik nachzuweisen, soll hier versucht werden und bildet den Hauptzweck dieser Arbeit. Scherff's Arbeit („Reglementarische Studien. 1891") als der neueste Ausdruck einer bestimmten Richtung wird in der Reihe der Erscheinungen ihren Platz finden. Die Maske der Revuetaktik ist stets eine andere, das Wesen der Sache immer dasselbe."

Wie ich bereits in der „Einleitung" (s. 1) hervorgehoben habe, gründet der Herr Verfasser diese seine Ansicht über meine litterarische und praktische Thätigkeitsrichtung nicht sowohl auf einen, meinen Schriften und meiner früheren dienstlichen Wirksamkeit entnommenen Nachweis, daß ich „Alles von der reglementarischen Gleichmäßigkeit erwarte", als vielmehr lediglich auf den Umstand, daß ich überhaupt die Nothwendigkeit und die Möglichkeit einer „Reglementarisirung (s. 3) des Infanterieangriffes auch unter heutigen Verhältnissen" vertrete.

Diese Thatsache allein genügt ihm, mich zu den „Revuetaktikern" zu zählen; ein Eingehen auf meine Ideen selbst und ihre wissenschaftliche Widerlegung bleibt ausgeschlossen, und höchstens nur benutzt der Herr Verfasser dieselben Gedanken, welche ich in in den

Studien entwickelt habe — zur Begründung seiner „Scharfen Taktik" gegen meine „Revuetaktik".

Selbstverständlich ist es unter diesen Umständen nicht möglich, dem 23 Bogen starken Buche in allen Windungen seiner logischen Ausführungen und historischen Auslegungen zu folgen, und ich beschränke mich deshalb darauf, aus der Fülle des Stoffes nur einige Punkte hervorzuheben, welche zur allgemeinen Charakteristik seiner Kampfweise beitragen sollen.

Ich trenne diese Betrachtungen nach allgemeinen Behauptungen und geschichtlichen Belägen des Herrn Verfassers.

Nachdem Herr von Malachowski (im Verlaufe seiner Abhandlung bis zur Neuzeit gelangt) unter der Ueberschrift: „Der dritte Moment eines Angriffes gegen eine Position: der des Infanterieangriffes", eine Schilderung des Verhaltens dieser Waffe in der Offensive gegeben hat, welche man Angesichts des Schlußsatzes: „so wird sich der Frontalangriff voraussichtlich auch in Zukunft gestalten" füglich als die von ihm vertretene typische Form des modernen Infanterieangriffes ansehen muß, und die — wie man bei näherem Vergleich (s. 8) leicht erkennen wird — sich nur dadurch von meinem „Normalverfahren" unterscheidet, daß die Einzelheiten nicht durchdacht sind und deshalb die Beschreibung lückenhaft geblieben ist;

nachdem er in der „Abhandlung 9": „Das Reglement von 1888 und die Studien des Generals von Scherff" auf den Seiten 295—318 des Ausführlichsten und stellenweise mit den ganz gleichen Worten der „Studien", seinen Bedenken gegen eine ziemliche Reihe von Bestimmungen und Ansichten dieses Reglements Ausdruck gegeben, auf nothwendige Ergänzungen und grundsätzliche Abänderungen dieser Vorschrift hingewiesen hat, die ich meist rückhaltlos anerkenne und in den Studien schon hervorgehoben habe:

giebt er diesen Studien ihren „Platz in der Reihe der Erscheinungen" durch zwei Sätze (S. 318), deren Behauptungen eine nähere Prüfung rechtfertigen:

1. „Die Reglementarischen Studien" des Generals von Scherff dürfen an dieser Stelle nicht unerwähnt bleiben. Wer die voraufgehenden Abschnitte gelesen hat, kann nicht im Zweifel darüber sein, daß deren Verfasser die Einführung irgend eines beliebigen Normalangriffes oder

Normalverfahrens für einen der größten Rückschritte der Armee halten muß. Es würde dadurch die geistige Arbeit von drei Jahrzehnten, es würden dadurch die Erfahrungen nicht nur unserer beiden letzten Kriege einfach vernichtet werden.

Wer hat 1866 oder 1870 gesehen, daß die Durchführung der Infanterieangriffe rein oder auch nur vorzugsweise elementartaktischer Natur ist oder der elementartaktischen Regelung bedarf?"

Man wird diesen Satz nicht anders verstehen können, als dahin, daß der Herr Verfasser:

1. aus dem Umstande, daß 1866 und 1870 die „elementartaktische", b. h. also reglementarische Ordnung des Infanteriekampfes sich mehrfach nicht auf der Höhe der „zeitgemäßen" Anforderungen befunden hat, schlechthin folgert, daß es künftig einer solchen Regelung überhaupt nicht mehr bedarf, bez. eine solche unmöglich sei, und daß er

2. den „Reglementarischen Studien" wesentlich deshalb den Vorwurf der „Revuetaktik" macht, weil sie diese Wahrheit nicht anerkennen und auch fernerhin noch an elementartaktischen Vorschriften für die Kampfdurchführung festhalten wollen.

Wenn nun aber die Durchführung der Angriffe 1866 und 1870 nicht-elementartaktischer Natur gewesen ist, so kann sie nur gefechtstaktischer Natur gewesen sein, bez. soll fernerhin diese Natur werden.

Nach solcher „gefechtstaktischen" Durchführung hat jeder Führer bis zum Compagniechef herab, sich in jedem Einzelfalle immer wieder selbständig darüber schlüssig zu machen, ob er nach Lage der Sache offensiv, hinhaltend oder entscheidend, frontal oder flankirend auftreten kann und will? hat Jeder „seine Kräfte nur nach selbst erkanntem Bedarf einzusetzen, sich immer eine Reserve zu halten" u. dergl. m., wie das Reglement 1888, das ja auch Alles so vorschreibt.

Nun spricht sich über diese Art der „Durchführung" Oberstlieutenant von Malachowski selbst wieder einige Seiten vorher (S. 315) folgendermaßen aus:

"Man kann es als die taktische Hauptlehre des 19. Jahrhunderts bezeichnen, daß unzureichende und successive Einsätze, verspätete und ungenügende Entwicklungen der verderblichste Fehler sind.

Es ist nicht zu verkennen, daß das Reg'ement (1888) von dem Standpunkte der Colonnen- und Tirailleurtaktik aus sehr große Fort-

schritte gemacht hat, daß es aber den Standpunkt der Schützen-
Massentaktik noch nicht durchweg vertritt. Gerade, daß es auf dem
Uebergang (!) stehen geblieben ist, bringt Zweifel und Unsicherheiten bei der Anwendung hervor und bewirkt, daß sich verschie-
bene Auffassungen daraus rechtfertigen lassen."

Je mehr ich mit diesen Sätzen übereinstimme, desto interessanter
wäre es gewesen, zu erfahren, wie der Herr Verfasser „verderblichste
Fehler im Einsatz und in der Entwicklung, Zweifel, Unsicherheiten
und verschiedene Auffassungen in der praktischen Durchführung" anders vermeiden zu können glaubt, als auf dem „elementartaktischen"
Wege reglementarischer Vorschriften?

Meines Wissen ist dieser Weg seit Urzeiten der einzige gewesen,
um die auf dem „gefechtstaktischen Wege der Durchführung" bis
zum letzten Unterführer herab freigegebene Möglichkeit, sich über
„Einsatz und Entwicklung zu täuschen, bei der Anwendung verschie-
bene Auffassungen sich geltend machen zu lassen" u. s. f., doch mindestens nur auf die eine — höchststehende — Führerpersönlichkeit zu
beschränken.

Vergebens sucht man aber dann auch in der „scharfen Taktik"
nach einem andern Wege, um diese, als solche anerkannten Gefahren
zu beschwören.

Zwar den „Studien" gegenüber hat der Verfasser den „elementartaktischen Weg" noch schlechthin als „Revuetaktik" abgelehnt, und
fragt kurzhin: „Hat man 1866/70 gesehen, daß die Durchführung
des Infanterieangriffes elementartaktischer Regelung bedarf?"

Dem „Reglement" gegenüber beschränkt er sich weiterhin aber doch
schon nur auf das Bedenken, daß dasselbe „den Standpunkt der
Schützenmassentaktik noch nicht vollständig vertrete", d. h. offenbar
nur, daß es diese Taktik noch nicht in einer Weise geregelt habe
(s. 3), welche jene „Fehler, Zweifel, Unsicherheiten und verschiedene
Auffassungen" auszuschließen geeignet sei.

Der Punkt, an welchem dieser Mangel am entschiedensten in die
Augen springt, wird in der Kritik des Reglements 1888 (S. 295 bis
318) ganz bestimmt in dem „falschen Sparsamkeitsprincip" des
Reglements bei der „ersten Entwicklung zur Durchführung eines
Angriffes" gefunden, und dem die Nothwendigkeit entgegengestellt, dabei
"die Hauptkräfte gleich in erster (Schützen-) Linie einzusetzen".

Dem elementartaktischen Gesetze des Kampfes „aus der Tiefe", welches das Reglement auch für die Durchführung eines Angriffes proclamirt hat, ist damit für diesen Zweck (!), und meines Erachtens sehr richtig, das elementartaktische Gesetz der „Schützen= massen" („Hauptkräfte" gleich „Masse", in „erster Linie" gleich „Schützen") gegenübergestellt.

Hier wie dort steht dabei aber doch immer nur „elementartakti= sches Gesetz", d. i. reglementarische Vorschrift für einen be= stimmten Fall gegen „elementartaktisches Gesetz" und nicht etwa „gefechtstaktischer Grundsatz gegen Grundsatz"; denn v. Malachowski selbst wird schwerlich bestreiten wollen, daß „unter Umständen" das für diesen einen Fall (die Durchführung eines Angriffes) von ihm verworfene „Sparsamkeitsprincip" oftmals auch wieder besser am Platze sein wird, als sein „Massenprincip in erster Linie".

Im Weiteren begnügt sich nunmehr aber der Oberstlieutenant mit der Promulgirung seines „Schützenmassen=Princips" für den einen Angriff und bleibt mit der Formulirung bez. Reglementa= risirung dieses elementartaktischen Gesetzes ebenso auf dem „Ueber= gange" stehen, wie er das dem Reglement 1888 zum Vorwurf macht.

Die bloße Forderung bei Durchführung eines Angriffes, „die Hauptkräfte gleich in erster Linie zu entwickeln", schließt jedenfalls „Fehler, Zweifel und verschiedene Auffassungen" um so weniger aus, je oberflächlicher dabei über Raum= und Zeitverhältnisse fort= gegangen wird.

Wir werden später (s. 8) ausführlicher auf diese Fragen zurück= zukommen haben.

Hier will ich nur vorweg bemerken, daß ich gerade in meinem „Normalverfahren" die vom Herrn Verfasser im Reglement 1888 ver= mißte „reglementarische Vertretung der Schützenmassentaktik" insofern am schärfsten zum Ausdruck gebracht zu haben glaube, als hier das ganze Bestreben nicht nur auf die von ihm verlangte Kraft= Entfaltung, sondern auch auf die von ihm übersehene Kraft=Er= haltung in erster (Schützen=) Linie gerichtet ist.

Nachdem nun aber v. Malachowski sich zunächst den Studien gegen= über auf einen einfach ablehnenden Standpunkt in Bezug auf „elementartaktische Vorschriften" überhaupt gestellt hat, dann weiterhin dem Reglement gegenüber selbst, seiner Ansicht nach richtigere, „elemen=

tartaktische Gesetze" gegen falsche vertheidigt hat, tritt er in letzter Instanz — wenn selbstverständlich auch unter fortgesetztem Protest gegen den Namen, so doch unbestreitbar der Sache nach — für ein **Normalverfahren in der Durchführung eines Angriffes auf dem Exercierplatze** ein, welches er dann sogar aus Gründen rechtfertigt, die vorzubringen ich nicht den Muth gehabt hätte.

In der „Einleitung zur scharfen Taktik" (S. 2) heißt es nämlich:

> „Die Bilder (!) des Friedensgefechtes werden von denen des Ernstgefechtes also abweichen und abweichen müssen; aber daß das Herstellungs-Verfahren dabei möglichst das gleiche sei — das ist es, worauf es ankommt."

„Ankommt" — nicht nur um „kritikfeste Friedensbilder herzustellen," sondern offenbar auch nach Ansicht des Herrn Verfassers „ankommt", — um im Ernstfalle mit Ehren bestehen zu können.

Der Oberstlieutenant fährt fort (ebenda):

> „Das Streben, eine scharfe Disciplin auch in der Gleichmäßigkeit der Gefechtsformen zum Ausdrucke zu bringen, ist ein sehr begreifliches. Dem Truppencommandeur, zumal dem des Bataillons, ist es sehr natürlicher Weise empfindlich, wenn er nach der treuen, gewissenhaften Arbeit eines Jahres am Besichtigungstage vor dem Zweifel steht, ob er es diesem oder jenem auch werde recht machen, und wenn dann sein Lohn in einer Reihe von Ausstellungen in ‚Ansichtssachen' besteht",

ein Satz, der namentlich interessant ist zum Vergleich mit den Ansichten des Herrn Referenten des Militair-Wochenblattes über die „Freudigkeit des Arbeitens" von Untergebenen, die statt der „reglementarischen Norm" lediglich der „persönlichen Kritik" unterstehen.

Weiter dann:

> „Ich glaube nicht zu irren, wenn ich annehme, daß dieser Umstand dem Normalangriff, ganz gleich welcher er sei (!), eine ziemlich große Zahl von Anhängern zuführt, und es ist der Erwägung werth (!), ob nicht die Wirkung des scharfen feindlichen Feuers zweckmäßig durch einige Bestimmungen über die Darstellung des Gefechtes auf dem Exercierplatze zu ersetzen wäre",

ein Vorschlag, der also facultativ die „persönliche Ansichts-Kritik" des Vorgesetzten zu Nutz und Frommen mehr „treuer" als „freudiger und vertrauensvoller" Untergebener durch eine „Norm, ganz gleich welche," abmildern soll.

Vielleicht ist es mit die Besorgniß davor, wie höhere Vorgesetzte und selbst ein Theil der Bataillonscommandeure, welche den Exercier=
platz doch etwas ernster auffassen, diese „Erwägung" aufnehmen werden, welche den Verfasser schließen läßt:

> „Aber auch nur auf diesem; schon beim Manöver sind ausreichende
> Anhaltspunkte für die annähernde Schätzung dieses wichtigen Factors
> da, der außerdem durch die Aussprüche des Schiedsrichters vertreten
> wird."

Eine Fülle von Fragen und Zweifeln drängt sich dem denkenden Geiste beim Lesen dieser Sätze auf.

Nur Einiges will ich hervorheben:

Läßt sich der „wichtige Factor der feindlichen Feuerwirkung", dem auch ich einen maßgebenden Einfluß auf die „Durchführung eines An= griffes" beimesse, auf dem Exercierplatze (ebenen, wie bedeckten) nicht ebenso gut „zum Ausdrucke bringen", wie auf dem Manöverfelde?

Wenn aber, warum soll es „im Manöver" unnöthig und an= scheinend sogar nachtheilig sein, „feste Bestimmungen über die Darstellung des Gefechts (in solchem feindlichen Feuer)" zur Anwendung zu bringen, die „auf dem Exercierplatze" für „nützlich und der Erwägung werth" erachtet worden sind?

Werden die nur für den Exercierplatz gegebenen „Bestim= mungen" sich dann nicht unwillkürlich dennoch auch auf das „Manöverfeld" übertragen und hier „ein gleiches Herstellungs= Verfahren für das Gefechtsbild" erzeugen, von dem der Herr Verfasser:

einmal sagt, daß es gerade „darauf ankomme",

dann aber freilich auch wieder behauptet, daß es „die geistige Arbeit dreier Jahrzehnte vernichte".

Kommt es andererseits nicht im Manöver erst recht darauf an, das durch schiedsrichterlichen Spruch über den Einfluß des feindlichen Feuers mit dem Befehl: „Die X^te Compagnie geht zurück, die Z^te Com= pagnie geht nicht weiter vor!" zerrissene „Gefechtsbild" immer wieder alsbald „herstellen" zu können!?

Und wenn, warum soll hier das „gleiche Herstellungs=Ver= fahren" von Uebel sein, welches der Herr Verfasser doch wohl nur deshalb so allgemein empfohlen hat, weil lediglich darin die Gewähr liegt, daß in solchen Momenten höchster Reibung: Jeder, an welcher Stelle er stehe, sofort wisse, was er zu thun und wessen er sich von seinem (noch intakten) Nachbar zu versehen hat?

Wird endlich aber, wenn solches „gleiches Herstellungs-Verfahren" nur auf dem Exercierplatze zur Anwendung gebracht, im Manöver aber wieder abgestreift werden soll, die Uebung auf jenem Platze nicht einfach — zur Comödie, lediglich dazu bestimmt, unfähige Formeneiferer vor der gerechten Abfertigung durch denkende Vorgesetzte zu beschützen, ein „kritikfestes Gefechtsexerciren" zu produciren u. s. f.?

Ich will ein Buch nicht ungerecht beurtheilen, dessen Trugschlüsse und Irrlehren ich bekämpfe, dessen mannigfache Wahrheiten an andern Stellen ich aber auch rückhaltslos anerkenne.

Immerhin wird man verstehen, daß ich den auf solch' ununterbrochen sich einander selbst aufhebende Grundlagen aufgebauten Einwänden gegen die elementartaktischen Gesichtspunkte der „Studien" nicht anders entgegentreten kann — als durch den Hinweis des Lesers auf diese Widersprüche.

Was in dieser Richtung dem ersten, gilt aber auch nicht minder dem zweiten Vorwurf des scharfen Taktikers gegen die Revuetaktik der Studien gegenüber, wenn der Herr Verfasser schreibt (S. 318):

> 2. „Die Gesammtanschauung der Studien ist durchweht von Gegenbestrebungen (!) gegen die Benutzung des Geländes. Ihr Verfasser spricht dabei ausschließlich von den Deckungen, die ebenso wichtige Ausnutzung zu positiven Zwecken tritt in den Hintergrund. (!?)
>
> Aber alle großen Praktiker haben gerade die Terrainbenutzung als einen der wesentlichsten Punkte aller Truppenführung hervorgehoben, da ,selbst die größte Tapferkeit an dem feindlichen Feuer ein unübersteigliches Hinderniß finden' kann. (!)"

Was das Reglement 1888 kurzhin mit dem Ausdrucke „Heranarbeiten" bezeichnet, nennt der Herr Verfasser hier in wissenschaftlicherer Wendung „Ausnutzung von Deckungen zu positiven Zwecken".

Nun steht bekanntlich fest, daß der „positive Zweck" — die Bewegung, die „Deckung" — den Stillstand verlangt, und daß der zweckentsprechende Ausgleich zwischen diesen beiden einander entgegengesetzten Anforderungen „im Gelände" nicht so ganz offen auf der Hand liegt. (f. 3.)

Während aber die Studien solchen brauchbaren Ausgleich suchen, ist es charakteristisch für das Reglement 1888 und die scharfe Taktik, daß beide nicht mit einem Worte einer solchen Benutzung des

gegebenen Geländes für die Durchführung eines Frontalangriffes
Erwähnung thun, sondern immer nur von der Auswahl einer,
günstige Geländebedingungen bietenden, Angriffsrichtung sprechen,
die damit also auch jedem „selbständigen Unterführer" empfohlen
wird. (s. 6.)

Wir stoßen eben wieder einmal auf dieselbe Unterschiebung von
Begriffen wie schon früher in den Auseinandersetzungen des Wochen=
blattes, wenn da gesagt war: „Wo der Angriff über freies Gelände
geführt werden muß, bedarf es einer besonders gründlichen Vorbereitung
durch Artillerie, Vortruppen und — Umfassung".

Hier wie dort wird wohl in der Voraussetzung, daß der Leser
das nicht merkt, der Frage nach der Möglichkeit der Durchführung
eines Frontalangriffes in jedem (gangbaren) Gelände, die
Frage nach der Auswahl einer günstigen Angriffsrichtung
substituirt.

Seit den Theoretikern von der Schule des Herrn Verfassers der
„scharfen Taktik" der früher so beliebte Weg abgeschnitten ist, den
Schwierigkeiten eines Frontalangriffes durch die Verweisung auf
den „Flankenangriff" auszuweichen, setzen sie für „Flankenangriff"
„Geländedeckung" und dann weiter dafür wieder „Geländewahl", um
so endlich bei der „Selbständigkeit der Unterführung" anzukommen
(s. Stub. I).

So sagt denn auch jetzt der Oberstlieutenant von Malachowski,
offenbar in der festen Ueberzeugung, daß damit alle in den Studien
erörterten Schwierigkeiten in Betreff der Durchführung eines Frontal=
angriffes ein für allemal abgeschnitten sind, ganz einfach (S. 319):

„Von den neueren taktischen Lehrbüchern ist wohl die Meckel'sche
Truppenführung das bedeutendste. Der Abschnitt von der Auswahl (!)
des Angriffspunktes klingt nahezu wie eine Umschreibung der Lehren
König Friedrich's — —.

Für die Wahl des Angriffspunktes werden der Reihe nach als
maßgebend erwähnt:
1. die Möglichkeit gedeckter Annäherung;
2. Umfassung des Angriffspunktes;
3. Massenwirkung der Artillerie möglichst durch concentrisches Feuer;
4. Bewältigung der höchsten Punkte;"

übersieht dabei aber durchaus, daß Meckel selbst im Bewußtsein des fast als Regel anzusehenden Widerspruches, in welchem Punkt 1 und 4 stehen, hier ausdrücklich hinzufügt:

> „Man mag sich dagegen sträuben, aber man muß sie schließlich nehmen."

Zu guter Letzt stellt sich der Herr Verfasser dann aber doch auch wieder seinerseits auf den Standpunkt der „Gegenbestrebungen gegen eine — mindestens unbegrenzte — Geländebenutzung", wenn er sagt (S. 307):

> „Die gesteigerte Bedeutung des Schlüsselpunktes läßt es richtig erscheinen, den ganzen übrigen Theil der feindlichen Front nur zu beschäftigen und festzuhalten",

und wenn er damit doch offenbar die Absicht ausspricht, unbekümmert um Gelände-Gunst oder Ungunst, alle Kraft des Angriffs gegen dieses gefechtstaktisch wichtigste (meist aber doch keineswegs geländegünstigste) Angriffsobject einzusetzen.

Wenn er dann fortfährt:

> „Die Aufgabe der Führung besteht darin, gegen den Angriffspunkt von Beginn des Angriffes an mit möglichst großer Ueberlegenheit aufzutreten, gegen diesen so viele Waffen als möglich zur reellen Wirkung zu bringen und dadurch ein so rapides Vorschreiten zu ermöglichen, daß der Feind mit seinen Geg.nmaßregeln nicht mehr zur rechten Zeit kommt",

so frage ich ihn, Angesichts dieser mir ganz aus dem Herzen geschriebener Gedanken:

> „Was wird aber aus den „Bestrebungen der Geländebenutzung?",

wenn, wie man das doch wohl erwarten muß, der Weg nach dem feindlichen Schlüsselpunkt keine Deckung bietet, und die Aufsuchung einer solchen (z. B. durch weit ausholende Umgehung) das „rapide Vorschreiten des Angriffs" schlechthin aufheben würde.

Muß man dann nicht trotz alledem dennoch wieder auf elementartaktische Vorschriften zurückgreifen, um mindestens eine „unbegrenzte" Geländebenutzung abzuschneiden, wie sie sich in solchen Verhältnissen erfahrungsmäßig mit Vorliebe im „Liegenbleiben in Deckung" auszusprechen pflegt?

Ich bin durchaus der Ansicht der „scharfen Taktik" (S. 319):

> „Keine Normaltaktik kann kriegerische Eigenschaften und taktische Einsicht der Führer ersetzen."

Offenbar aber auch kann „keine kriegerische Einsicht der Führer der Truppe ein frontales Vorgehen über, unter Umständen mehr oder weniger ungünstiges Gelände ersparen", und können zu diesem Ende Führer und Truppe eines „elementartaktisch-reglementarischen" Verfahrens nicht entrathen!

Der Oberstlieutenant von Malachowski selbst macht dafür seine Vorschläge, von denen man doch annehmen muß, daß er sie — nicht nur der „leidigen Kritiken" wegen — ebenso zur Grundlage eines reglementarischen Verfahrens, d. h. einer Friedensvorübung für den Angriff auf dem ebenen, wie auf dem bedeckten Exercierplatze gemacht sehen will, wie ich das auch für meine Vorschläge anstrebe.

Statt aber diese seine Vorschläge mit den meinen in prüfenden Vergleich zu stellen, tritt der Verfasser kurzweg mit der Prätension auf: „was ich bringe, ist ‚scharfe Taktik', was Scherff bringt, ist ‚Revuetaktik.'".

Bei alledem steht doch nur „Norm gegen Norm" und ich gebe nicht so ohne Weiteres zu, daß die Malachowski'sche deshalb „schärfer" sein soll, wie die meinige, weil sie unklarer ist. —

Wie aber in den logischen Begründungen, so vermißt man auch in den historischen Belägen des Herrn Verfassers diejenige Klarheit der Gedanken, welche gestatten würde, mit seinen Auffassungen zu einem wissenschaftlich fundirten Abschlusse zu kommen.

Auch in diesen historischen Entwicklungen ist einmal die „Revuetaktik" schuld an der Niederlage (1806), dann wieder wird trotz der „Revuetaktik" (1866 und 1870) der Sieg errungen; bald stellt sich diese „Revuetaktik" dar, als der Fehler der oberen Führung (in Orts-, Kraft- oder Zeit-Wahl), bald wieder fällt sie der niederen Führung und der Truppe (im ungeschickten Verfahren) zur Last, und vergeblich sucht man in diesem Kreislauf widersprechender Gedanken nach einem festen Halt.

So scharf das klingt, der Vorwurf trifft nicht so sehr den Herrn Verfasser persönlich, als vielmehr die Theorie der Schule, zu deren Vertreter er geglaubt hat, sich machen zu müssen.

Bei dem gänzlichen Mangel einer Trennung der Begriffe von „höherer Führung (Anordnung des Gesammtgefechtes) und „Durchführung" (eines Einzelactes) kann es nicht Wunder nehmen, daß man in dem Buche auf eine ganze Reihe von Ansichten und Aussprüchen stößt, die, auf den einen Begriff bezogen, nur mit vollstem Einverständnisse begrüßt, auf den andern bezogen, ebenso bestimmt abgelehnt werden müssen; auf beide Begriffe gleichzeitig bezogen aber schlechthin — verwirren!

Ein Blick auch auf die historische Seite der „Abhandlungen" wird dieses Urtheil nur bestätigen.

Gleich auf S. 4 und 5 wird aufgeführt, daß der König Friedrich II. in der Histoire de mon temps sich selbst den Vorwurf mache:

> „Vor Mollwitz angekommen, wo der Feind Cantonnements bezogen hatte, verliert der König (!), anstatt lebhaft vorzudringen, um die cantonnirenden Truppen der Königin getrennt anzugreifen, zwei Stunden damit, sich in methodischer Weise vor einem Dorfe zu formiren, wo kein Feind zu sehen war; wenn er nur das Dorf Mollwitz angriff, so hätte er die ganze österreichische Infanterie gefangen genommen."

Weil der König dann fortfährt:

> „Bei den Truppen war viel guter Wille vorhanden, aber sie kannten nur die kleinen Details, und aus Mangel an Kriegserfahrung zauderten sie und fürchteten sich, drauf zu gehen",

so folgert Malachowski daraus, daß

> „die so häufig gepriesene Taktik, mit welcher die preußische Infanterie zum Schlesischen Kriege ausrückte, eine reine Revuetaktik war",

(mit welcher trotz Allem aber die Schlacht von Mollwitz gewonnen worden ist),

und „kein Geringerer als der König selber sein Gewährsmann" für diese Auffassung sei.

Als Beweis, „daß auch heute noch so etwas vorkommen kann", giebt er dann ein selbst erlebtes Gegenstück (S. 5):

> „Eine Division wartet den Angriff des Gegners in guter Stellung ab, und hat — vermuthlich, um allzu revuemäßige Kavallerie-Aufklärungen zu verhindern, ein vor der Stellung liegendes, langgestrecktes Dorf — es heiße Fanaticum — mit einer Compagnie besetzt. Auf der Chaussee, gegen die Breite des Dorfes, rückt eine gemischte Brigade an. Die Tête hält, als sie Feuer bekommt; zwei Batterien werden

vorgezogen, die Brigade entwickelt sich, und als sie nun nach fast einer Stunde, trefflich gerichtet, ihren Normalangriff zur Freude aller Revue-Taktiker ausführt, da ist natürlich kein Feind mehr im Dorfe."

Also weil der verantwortliche, anordnende oberste Führer (bei Mollwitz, wie bei Fanaticum) sich über die Situation getäuscht, den Aufmarsch und die reglementarische Entwicklung seiner Truppe in derjenigen Art für nöthig gehalten und befohlen hat, wie sie zur Durchführung eines Angriffes großen Styles zur Zeit für „zeitgemäß" erachtet und der Truppe gelehrt war, so ist die Unterführung, die in der Revuetaktik verkümmerte Truppe schuld an der Zeitversäumniß und dem (in beiden Fällen aber doch wirklich, bez. anscheinend, noch glücklich abgewendeten) Mißerfolg!?

Ich habe in Studie I nebenbei bemerkt, daß in dem modernen „Auftragsverfahren" auch die Gefahr läge, daß die höhere Führung versucht werden könne, ihre eigene Verantwortung hinter diejenige der niederen Führung zu „decken"; wir sehen, Oberstlieutenant von Malachowski macht vollsten Gebrauch von dieser „Möglichkeit".

Die „Revuetaktik", die Gewohnheit der Truppe und ihrer Unterführung, an ein, von ihm selbst zwei Seiten vorher verlangtes „möglichst gleiches Herstellungsverfahren" für das „Bild" eines Frontalangriffes, wird verantwortlich dafür, daß es so und nicht anders angeordnet worden ist; wie diese selbe Unterführung doch erst recht die Verantwortung dafür hätte tragen müssen, wenn z. B. der „Avantgardenführer" in jenen beiden Beispielen in seinerseitiger Täuschung über die Situation sich rücksichtslos auf den Feind gestürzt hätte und — mit schweren Verlusten zurückgeworfen worden wäre.

Es giebt zu denken, wenn der Vertreter der „scharfen Taktik", zur Ablagerung der höheren Verantwortung auf die Schultern der Unterführung ein Beispiel benutzt, in welchem König Friedrich selbst sie auf die eigenen Schultern zu übernehmen, nicht angestanden hat.

Noch Seite IV seiner „Einleitung" schreibt Malachowski:

„Die Art, in welcher die Form gehandhabt wird, ist das Wesentliche!"

hier (S. 5) fährt er fort:

„Ich stelle beide Beispiele nebeneinander, weil sie zeigen, wie die Form, sobald man sie für ein wesentliches Stück der Taktik hält, die Geister fesselt und die vorhandenen Kräfte lähmt oder erst zu spät zur Geltung kommen läßt."

Also weil in den Beispielen die Form nach Ort und Zeit falsch gehandhabt worden ist, so fesselt die Form selbst die Geister des Handhabenden, der doch nichts anderes handhaben kann, als „die Form" — die sich ja nicht selbst „anwendet".

Und erst wenn die Geister die als unwesentlich zu betrachtende „Form" nach dem entfesselten Schalten eines jeden Unterführers handhaben, sind die Kräfte nicht mehr gelähmt, weil allerdings damit auch der Herrschaft des Geistes (der einen Oberführung) entronnen!!

Das ist dann „scharfe Taktik"! —

Verfolgen wir die logische Art dieser Abhandlungen weiter.

Da heißt es (S. 6):

> („Der Marschall von Sachsen sagt:") „Es ist in der That ein wahrer Jammer mit der Ordnung, worin wir fechten, und ich begreife nicht, woran die Generale gedacht haben, um sie nicht abzuändern."

Wenn aber heute Jemand daran denkt, die jedem Lieutenant als „Revuetaktik" denuncirte „Ordnung abzuändern", in welcher wir 1870 gefochten haben, so treibt der selbst wieder nur „Revuetaktik" und man braucht sachlich gar nicht erst darauf einzugehen, wie er „abändern" will. —

In hohem Grade interessant ist auch, namentlich den Auslassungen des Generals von Bronsart I und des Militair-Wochenblattes über die Unmöglichkeit gegenüber: „Die vielen Köpfe einer zur Abfassung einer solchen reglementarischen Neuordnung zusammenberufenen Conferenz unter einen Hut zu bringen", was der Herr Verfasser über solche Commissionen denkt und wie er sie „unter einen Hut zu bringen" weiß.

In einer auf die Reorganisations-Commission König Friedrich Wilhelm des III. bezüglichen Anmerkung sagt er nämlich (S. 91):

> „Eine Commission, bei der alle Mitglieder gleich stimmberechtigt sind, welche aus Männern der verschiedenen geistigen Richtungen zusammengesetzt ist, kann schätzenswerthe Untersuchungen vornehmen und vorbereitendes Material sammeln (!), sie kann auch Details einer festgestellten Reform allenfalls bearbeiten (!); eine Reform zu Wege bringen, kann sie niemals.
>
> Ohne gegenseitige Concessionen kann es bei den Berathungen nicht abgehen und so kommt schließlich nichts heraus.
>
> Man kann wohl auch hier sagen: je mehr Männer daran theilnehmen, je klüger und bedeutender sie sind (!), um so schlimmer!"

Offenbar, um sich nicht in dieser Weise irritiren zu lassen, hat sich denn auch der Herr Verfasser der „scharfen Taktik" nicht um das „angesammelte Material anderer Leute" gekümmert.

Der Leser wird das leicht erkennen, wenn er als Widerlegung dessen, was ich an verschiedenen Orten über die „Treffentaktik" gesagt habe, die Ansichten des Herrn Verfassers (S. 11) dahin entwickelt hört:

> „Es ist in der Praxis, wie in der Literatur eine längst ausgemachte Sache (?), daß der Gegensatz der Treffentaktik die Perpendiculärtaktik der neuen Zeit ist, in der die hintereinander stehenden Abtheilungen unter einheitlichem Befehl stehen. Dieselbe gewährt local eine größere Sicherheit des Zusammenwirkens und begünstigt vor allen Dingen die **Aufrechterhaltung der Truppenverbände**; von dieser, einer der wichtigsten Rücksichten in dem heutigen Gefecht, ist bei der Normaltaktik selten die Rede(!)"

und dann wieder Sätze liest, wie (S. 249):

> „Man sieht, man kann ohne Schwierigkeit über **improvisirte Verbände** disponiren. Wird es im Frieden öfter geübt, so wird Niemand im Kriege etwas Besonderes darin finden; wir dürfen uns dieses treffliche Organisationsmittel keinesfalls entgehen lassen"

und wieder (S. 263):

> „Die Infanterie entwickelt sich nun in der Breite; in der ersten Linie soviel Bataillone als Platz haben, drei bis vier in der Regel per Brigade, auch fünf.

> „Die Schützenlinie wird mindestens gleich aus mehreren ganzen Compagnien der Bataillone gebildet, auch ganze Bataillone werden zweckmäßig dazu verwendet",

wodurch doch meines Erachtens die „Perpendicular-Taktik" schlechthin aufgehoben erscheint. —

Um zu beweisen, daß der große König anfänglich kein Gewicht auf das Feuer gelegt habe, wird (S. 13) aus dem Reglement von 1743 citirt:

> „Deshalb die ganze Gewinnung der Bataille darauf ankommt, daß man nicht sonder Ordre stillestehet, sondern ordentlich und geschlossen gegen den Feind avanciret und chargiret."

Weil dieses „Avanciren und Chargiren" („Verknüpfung von Feuer und Bewegung", s. Studien) in der Form, wie es im damaligen

Reglement vorgeschrieben war, im Ernstfalle aber schlecht functionirt hat, schlußfolgert der Oberstlieutenant (S. 13) daraus:

> Unsere Taktiker, die darin ein erwünschtes Vorbild für das sprungweise Vorgehen sehen, stützen sich auf ein Phantom! —"

Aus dem Umstande, daß der König bestimmt (S. 17): „Der Bataillonscommandeur soll mit seinem Bataillon auf 300 Schritt (wie Malachowski in einer Bemerkung besonders hervorhebt: „damals die Grenze des Gewehrfeuers!") zu feuern anfangen und bei der geringsten Unordnung, die er unter dem Feinde wahrnimmt, sofort darauf losgehen, um die Zerstreuung und Niederlage des Gegners zu Stande zu bringen", wird die Schlußfolgerung gezogen:

> „Es war mit dieser Vorschrift also dem Führer der elementartaktischen Einheit (nach einer früheren Bemerkung: „heutzutage die Compagnie") überlassen, selbständig sein Vorgehen nach Beginn des Feuers bis zum Sturm zu regeln."

Ich bin noch so „revuetaktisch": lieber daraus zu schlußfolgern, daß der „Compagniechef" deshalb auch heute noch seine „Selbständigkeit" nicht schon von 1500 m ab, sondern erst von 300 Schritten (auch 400 m gebe ich nach!!) zur Geltung bringen dürfe.

Weil der König einmal sagt (S. 22): „Welche Vorsicht ein General auch anwenden mag, es bleibt beim Angriff auf schwierige Positionen, sowie überhaupt bei allen Schlachten doch Vieles dem Zufall überlassen!", so triumphirt der „scharfe Taktiker" über den „Revuetaktiker":

> „Der König ist eben darüber klar, daß Vieles sich nun einmal nicht reglementarisiren läßt"

ob aber deshalb „beim Angriff gar nichts"? — darüber ist, glaube ich, der König zu einer andern „Klarheit" gekommen, wie der Oberstlieutenant! —

Gradezu ungeheuerlich werden die Vorstellungen, wenn aus der Königlichen Ueberlegung (S. 22):

> „Solange wir den Feind nicht in die Ebene locken können, dürfen wir uns nicht schmeicheln, große Vortheile über ihn zu erlangen; gelingt es uns jedoch, ihn seinen Bergen, Wäldern und coupirten Terrains zu entziehen — —, so können seine Truppen den unsrigen nicht Stand halten," und aus dem Nachsatze: „Es ist ein übles Auskunftsmittel, werdet Ihr sagen, den Feind in das eigene Land zu

locken; Ich gebe dieses zu, es ist jedoch das einzige, da es der Natur nicht gefallen hat, Ebenen in Böhmen und Mähren zu schaffen ——; es bleibt also nichts anderes übrig, a's das vortheilhafte Terrain da zu wählen, wo es sich gerade befindet, ohne uns um sonst etwas zu bekümmern";

wenn, sage ich, aus solchen ad hoc-Ueberlegungen es ganz allgemein als das „Princip der echt Friedericianischen Taktik" hingestellt wird (s. Anm. S. 23):

> „Das günstige Terrain soll aufgesucht werden, nöthigenfalls im eigenen Lande.(!!)
>
> Das günstige Terrain war damals die Ebene, heut ist es das Deckung gewährende.
>
> Das Princip des Normaltaktikers ist dagegen die Nichtachtung des Terrains!"

Wie schade, daß Moltke 1870 diese „geschichtlich-taktischen Abhandlungen" noch nicht gelesen hatte, sicherlich hätte er dann die Franzosen lieber in den Schwarzwald oder den Odenwald „gelockt", statt sie auf dem „Glacis von St. Privat" anzugreifen; denn sagt Malachowski:

> „(Der König) will, ehe er seiner Infanterie zuviel zumuthet, lieber den Feind im Lande haben, denn er kann ihn wieder herausschlagen, aber mit der verlorenen Entscheidungsschlacht geht das Land auch verloren."

Wäre es hier nicht vielleicht angebracht gewesen, wie in dem ganzen Buche „kampf- und gefechtstaktische Ideen" miteinander zu vermischen, so jetzt auch einmal dem Gedankengang einige „strategische Gesichtspunkte" beizusetzen? —

Nachdem in dieser (und ähnlicher s. S. 25) Weise Aussprüche u. s. f. des großen Königs für das Princip der Geländedeckung quant même in der scharfen Infanterietaktik ausgebeutet worden sind, folgt jene, schon oben citirte Inanspruchnahme der Artillerie ür diese Taktik, um auf Grund Königlicher Entwicklungen (?) „das Beste" zu thun.

S. 29 heißt es im Anschluß an jenes Citat:

> „Aber warum soll denn die Infanterie nicht ‚unter Umständen' der Artillerie die Hauptrolle überlassen? — ich denke, sie thut es ganz entschieden im Festungskrieg (s. darüber Studie V, S. 40 und den Verf. selbst S. 258 über den ‚Bankerott solcher Positions-Heerführung!").

> Eine bessere und bravere Infanterie giebt es meines Erachtens auf der Erde nicht, als unsere Garde-Infanterie, aber vor St. Privat konnte auch sie mit dem Frontalangriff (!) allein nicht durchbringen."

Ganz wie im Militair-Wochenblatt: oben die Artillerie, unten im Satz die Umfassung (Flankenangriff); nirgend aber ein eigenes infanteristisches Verfahren, in Betreff dessen der Herr Verfasser — offenbar in der Ueberzeugung, daß man so etwas Dummes doch nicht behaupten werde — ganz naiv fragt:

> "Sollte (dem Nicht-Durchdringen der Garde bei St. Privat) nur der Umstand zu Grunde liegen, daß sie das rechte Normalverfahren noch nicht gehabt hat?"

Aber ich antworte wirklich: ohne die „andern Umstände" zu unterschätzen, in der Hauptsache — ja!

Antworte das um so bestimmter, je klarer es mir ist, daß König Friedrich in dem vom Oberstlieutenant von Malachowski wiederholt als Muster der „scharfen Taktik" empfohlenen „Plan 23" (siehe Malachowski, S. 29) wohl die Absicht gehabt haben kann, seinen Generalen den Nutzen der artilleristischen Mitwirkung und der umfassenden Form beim Angriff gegen eine starke feindliche Position zu erläutern, sicherlich aber nicht daran gedacht hat, die vierzig Bataillone die er in diesen Plan eingezeichnet, nur als „Hülfswaffe" und bis zum Moment der einzuheimsenden Artillerie-Ernte als „Zuschauer" in diesem Kampfe figuriren zu lassen.

Ueber das „infanteristische Verfahren" hat der König hier aber weder sprechen wollen, noch — zu sprechen nöthig gehabt. —

Doch genug der Citate! Ich breche sie mit dem Abschluß der Friedericianischen Periode in dem Buche des Oberstlieutenant Malachowski ab, obgleich, was über das Verhältniß der „scharfen zur Revuetaktik" in den nachfolgenden Abhandlungen bis zur heutigen Zeit gesagt wird, fast Seite für Seite Gelegenheit zur Fortsetzung solcher Gegenüberstellungen bieten würde.

Was ich aus der „Periode der Lineartaktik" besonders auch um deswillen angeführt habe, weil Malachowski behauptet: es würden „zur Zeit zahlreiche mißverständliche Bezugnahmen auf diese Lineartaktik" gemacht, mag genügen, um den Geist zu charakterisiren, in welchem auch die nachfolgenden geschichtlichen Abschnitte „zu Nutzen scharfer Taktik" behandelt werden.

Der Oberstlieutenant schließt seine „Abhandlung 1" mit den Worten (S. 30/31):

> „Wir sind mit den Lehren des Königs zu Ende; die Normaltaktiker pflegen seinen Geist anzurufen, die Antwort ist klar und ausführlich.
>
> Es ist nun die Frage zu stellen: ‚Wer hat das Recht, sich auf den König zu berufen, die Vertreter des Normalangriffs oder das Reglement von 1888 und die neuere Schule, d. h. die Gegner.?'
>
> Es ist, wie nach den Unglücksjahren 1806 und 1807, Scharnhorst und seine „neuere Schule" (mit welcher sich also der Verfasser selbst und seine „Freunde" kurzhin in Parallele stellt, weil auch sie einer „neueren Schule" angehören) sind die echten und rechten Fortsetzer des Königs, und seine erbitterten Gegner, die stets den Geist des Königs gegen ihn in's Feld führen, sind — die Revuetaktiker.
>
> Sie haben dem König nur seine Aeußerlichkeiten abgeguckt, während einzig Scharnhorst (bez. Malachowski und seine Schulfreunde) die Frage richtig zu stellen weiß (bez. doch auch sie richtig zu beantworten weiß):
>
>> „Wie würde König Friedrich's Genius die von ihm klar erkannten ‚ewig feststehenden' Wahrheiten unter den veränderten Verhältnissen mit den neuen Mitteln zum Ausdruck bringen.
>>
>> Und so müssen wir die Frage auch heute stellen, wenn wir nicht von dem Geist die Antwort haben wollen, die Faust vom Erdgeist erhält."

Ich bin erbötig, die „Frage" unter dem hier geltend gemachten Gesichtspunkte mit jedem Jünger der „neueren Schule" zu ventiliren, der gewillt ist, auf eine Debatte einzugehen; muß aber allerdings zunächst eingestehen, daß es mir mit dem „Genius des Königs", wie er aus diesem Buche mir entgegentritt, einigermaßen geht, wie dem „Schüler" im Faust.

Es sollte und es kann (schon des Raumes wegen) nicht der Zweck dieser Arbeit sein, eine Widerlegung der Malachowski'schen Gedanken im Einzelnen durchzuführen, nur dem Standpunkte, von welchem aus das Buch entstanden ist, trete ich als solchem entgegen; denn dieser „Geist" ist typisch für die „Art und Weise, wie heutzutage von mancher Seite nicht nur die Polemik in militairischen Dingen, sondern auch die Kriegswissenschaft selbst gehandhabt wird" (s. Stud. V, S. 2).

Ich begrüße es, wie eine glückliche Fügung, daß das Erscheinen dieser „Scharfen Taktik" zeitlich zusammengefallen ist mit den Hoenig'schen Veröffentlichungen und so in geradezu dramatischer Höhe die Gegenüberstellung gestattet,

> hier: der in harter aber unwiderlegbarer Form enthüllten nackten Wahrheit, wie nach historischem Beweis sich der Frontalangriff bei uns gestaltet hatte,
>
> dort: der in widerspruchsvollen Gegensätzen verhüllten Unklarheit der Ideen, wie nach Ansicht der „neueren Schule" dieser Frontalangriff sich gestalten soll!

Eins ist mir aber doch aus dem Malachowski'schen Buche klar geworden:

> Wenn es Zeiten gegeben hat (und ich muß sie einräumen), wo auch hochgestellte Generale über die Freude an schön gerichteten Formen und künstlich combinirten Evolutionen den Maßstab für den Zweck verlieren konnten, dem solche Mittel dienen sollten; so erbringt der Verfasser hier den Beweis, daß es Zeiten geben kann, wo unbedingt doch auch nur „das Beste erstrebenden" Geistern über der Fülle ihrer genialen Ideen und ihrer vielseitigen Kritik der Maßstab für die Mittel abhanden kommt, mit welchen allein ihre Pläne zur That werden können.

Ich zweifle nicht, daß von allen (freilich schon etwas zusammengeschmolzenen) Gegnern „jeder Norm" das Malachowski'sche Buch als eine siegreiche Widerlegung der „Revuetaktik" vom festen historischen Boden aus begrüßt werden wird; bringt es doch thatsächlich, in einem großen Arsenal zusammengetragen, alle die Gedankenwaffen zur Ausstellung, welche im Laufe der „letzten drei Jahrzehnte" für diesen Streit in tausenden von Broschüren gebraucht, freilich theilweise auch schon recht verbraucht worden sind.

Wo auch immer man das Buch aufschlägt, man findet sicherlich bald einen „herzerfrischenden" Hieb gegen die „Revuetaktiker" und weil es nun einmal, nach des Autors Verheiß, „scharfe Taktik" ist, die hier getrieben wird, so merkt nicht jeder Leser sogleich, daß viele dieser Hiebe doch — recht „flach" gefallen sind.

Das Merkwürdigste bei alledem bleibt aber doch, daß mit der Annäherung an die praktische Frage: „Wie heute der Frontalangriff der Infanterie sich zu gestalten habe?" die von dem Gerichtshof der

„geschichtlich-taktischen Abhandlungen" durch alle Instanzen zum Tode verurtheilte „Norm" — ihrem Schicksale im letzten Moment noch „in der Maske" der Malachowski'schen Vorschläge selbst — entschlüpft.

Es kann aber auch gar nicht anders sein!

In dem Maße, als das künstlich groß gezogene „Phantom", daß jede feste Regelung in diesen Fragen die Entfaltung geistiger Kräfte bei den Unterführern unterdrücken müsse, vor der „klaren Ueberlegung" verduftet, daß diese mit Recht ja hochgeschätzte Errungenschaft der modernen Taktik dadurch nicht getödtet, sondern erst wahrhaft lebendig wird, daß man ihr einen gesetzlichen Rückhalt giebt; in demselben Maße hat sich auch in den denkenden Köpfen die Ueberlegung Bahn gebrochen, daß „der Anarchie und dem Chaos entgegentreten", nie und nimmer die „dem persönlich-vernünftigen Handeln nothwendige Freiheit morden" heißt.

Wie an andern Orten, so auch hier, zeigt sich das Schauspiel, daß es immer die unstreitig besseren Köpfe sind, welche zuerst die „Uebertreibungen" einer neuen Richtung erkennen und — für feste Ordnung der Dinge eintreten, um freilich nachher auch am lautesten für Ketzer und Verräther verschrieen zu werden. (Vgl. was Malachowski über Goltz sagt.)

Ich spreche nur von den literarischen Erscheinungen auf dem Gebiete der neueren Infanterietaktik, wenn ich betone, daß die vorweg als Rufer in diesem Streit Genannten, die Boguslawski, Goltz, Meckel, Hoenig und manche Andere — heute ausnahmslos mehr oder weniger „für einfache, feste Gesetze" eintreten.

Sie haben erkannt, daß der Gegensatz zu der „heutigen scharfen Taktik" nicht sowohl in der bei ehrlicher Prüfung gar nicht mehr vorhandenen Gefahr einer „Revuetaktik verknöcherter Formen", als vielmehr in der „Phrasentaktik unklarer Gedanken" zu suchen ist!

Die Irrwege einer formalistischen Revuetaktik verdammen, heißt eben noch nicht einer kriegsbrauchbaren scharfen Taktik die praktischen Wege eröffnen!

8. Die verschiedenen Vorschläge für ein reglementarisches Angriffsverfahren.

Versuchen wir zum Schlusse unserer Betrachtungen, uns an der Hand

    der 1888er reglementarischen Vorschriften

                      (R. in den folgenden Citaten),

    der v. Malachowski'schen Schilderungen

                      (M. in den folgenden Citaten),

    der Ausführungen des Militair-Wochenblattes

                      (W. in den folgenden Citaten),

    wie endlich der Vorschläge der Studien

                      (St. in den folgenden Citaten),

ein Bild von der praktischen Durchführung eines Angriffes nach Anweisung dieser „verschiedenen Meinungen" zu machen.

Man wird dabei überrascht werden von den grundsätzlich einander ausschließenden Gesichtspunkten, wie sie bei Malachowski und im Militair-Wochenblatte zum Ausdrucke kommen, sich aber Angesichts des Umstandes, daß Beide sich im Grunde doch für Vertreter des Reglements von 1888/89 ausgeben und höchstens in demselben nur ihre Ansichten „etwas mehr" berücksichtigt zu sehen wünschen, auch fragen müssen:

    ob es wirklich, wie behauptet wird, die Auffassung dieses Reglements ist, daß nach Form und Motiven einander so entgegengesetzte Verfahrungsweisen ohne Gefahr für den Erfolg nebeneinander hergehen können;

    oder ob es nicht vielmehr doch „an der Zeit" erscheint, solch' diametralen Auslegungen durch „festere Bestimmungen" über den schlechthin wichtigsten Act infanteristischer Waffenthätigkeit entgegenzutreten?

Im Sinne unserer seitherigen Auseinandersetzungen handelt es sich in dem nachfolgenden Vergleich immer nur um die Durchführung **eines** Frontalangriffes!

Ausgeschlossen von der Betrachtung bleibt deshalb zunächst jede Art von „Umfassung bez. Flankirung des Gegners" von Hause aus bez. durch Theile der einen bei dem Vergleich in Rede stehenden Truppeneinheit selbst.

Inwieweit dergleichen veränderte Angriffsrichtungen (bez. auch veränderte Vertheidigungsrichtungen bei feindlichem Gegenstoß) aus dem Verlaufe des einen Kampfes selbst sich entwickeln können, habe ich im Abschnitt vom „Sturm" (f. Stud. II, 2) bereits hervorgehoben.

Ebensowenig soll von denjenigen Evolutionen bez. Bewegungen, hier die Rede sein, welche zur Erreichung des Ausgangs- (bez. Entwicklungs-)Punktes der Angriffstruppe dem Ansatze des Frontal-Angriffes z. B. vorangehen müssen; sei es, daß die Truppe, um ihren Frontalstoß „umfassend" zu führen, sich erst von hinter der Front einer andern (bereits entwickelten) Truppe her seitwärts-vorwärts nach jenem Punkte herausziehen muß, sei es, daß sie „aus der Reserve" zu ähnlichem Zweck Verwendung finden soll.

Was über das Verfahren in solchen Lagen zu sagen wäre, gehört in das Gebiet der (hier nicht zu berührenden) reglementarischen Evolutionslehre, bez. Kunst raschester Entwicklung aus Marsch- oder Sammel- in Kampf-Ordnung nach jeder Richtung hin, eine Kunst, in deren Thätigkeitsfeld dann auch die früher hier schon gestreifte Frage nach der „Entwicklung auf Befehl oder Auftrag", wie weiterhin „durch Aufmarsch oder Einschwenkung" fallen, und die Behauptung des Reglements 1888 zu erörtern sein würde, „daß einheitliche Bewegungen (größerer Truppenkörper) in geschlossener Ordnung im Ernstfalle nur selten vorkommen werden".

Wie wichtig diese Fragen mir auch erscheinen, hier werden wir nur die Motive für die „Art der Entwicklung" (Breiten- und Tiefengliederung) einer Truppe zum Angriff, nicht aber den reglementarischen Mechanismus dieser „Entwicklung selbst" (Uebergang aus einer in eine andere Ordnung f. Stud. I, 4) zu besprechen haben.

In einem „Reglement" gehört diese zweite Frage in den „I. formalen", jene andere in den „II. angewandten" Theil.

Endlich sind selbstredend auch alle Ueberlegungen: ob es in einem bestimmten Falle überhaupt angezeigt erscheine, offensiv zu werden oder nicht, und damit vor Allem auch z. B. jede Erörterung über das „Verhalten eines Avantgardenführers beim Zusammentreffen mit dem Feinde", wie das Reglement 1888 dasselbe in II. 80 und Malachowski in seinen oben citirten Beispielen berührt, als nicht in unseren Vergleich gehörig zu betrachten.

In Studie I, 2 habe ich vorweg betont, daß Fragen dieser Art, in keiner Beziehung „reglementarischer Natur" sind, vielmehr in das Feld einer „gefechtsgerechten" Urtheilsbildung fallen, deren Gründe auf einem ganz andern Boden fußen, als die Urtheilsfähigkeit in Betreff einer „kampfgerechten Ordnung der Truppe" im Einzelfalle.

So lautet die dem „Vergleich" zu Grunde zu legende Frage denn auch ganz bestimmt nur dahin:

Wie hat sich eine Infanterietruppe von jeder beliebigen Stärke zu verhalten, wenn ihr der Auftrag bez. Befehl geworden ist, von einem bestimmten (bereits wirklich erreichten oder erst als erreicht anzunehmenden) Punkte aus den an einem ebenso bestimmten Punkte gegenüber stehenden (oder auch nur in Stellung vermutheten) Gegner von diesem Punkte zu vertreiben?

Um im „Vergleich" nicht zu weit geführt zu werden, soll sich derselbe nur mit dieser Frage des Angriffs auf einen stehenden Feind beschäftigen; die etwa nothwendig erscheinende Abwandelung des Verfahrens beim Angriff auf einen sich bewegenden Gegner aber nur auf die Analogie mit jenen Vorgängen verwiesen bleiben.

Zum Schluß muß noch erwähnt werden, daß es sich in der Antwort auf jene Frage grundsätzlich nur um das Verhalten lediglich der Infanteriewaffe handelt, daß aber, da es heutzutage als ausgeschlossen zu betrachten ist, daß größere Infanteriekörper solchen Kampf noch ohne artilleristische Mitwirkung durchzukämpfen haben werden, allerdings auch die Wechselwirkung dieser beiden Waffen in der Durchführung eines Angriffes insoweit mit in die Erörterung einbezogen werden muß, als dieselbe sich von Einfluß auf das Verhalten der Infanterie ausweist.

Bereits früher habe ich wiederholt betont, daß diese Erwägung die Einfügung eines besonderen Abschnittes über den „Kampf von Infanterie und Artillerie", in das Reglement jeder dieser beiden Waffen als schlechthin nothwendig erscheinen lasse.

Nachdem in dieser Weise die Grenzen abgesteckt sind, innerhalb deren sich unsere weiteren Erörterungen zu bewegen haben werden, — zu dem Vergleich selbst.

Ich werde denselben in der Weise durchzuführen suchen, daß wir uns dabei an den zeitlichen Verlauf der Handlung halten, deren

„Einzeletappen" dann zu kurzen polemischen Betrachtungen von meinem Standpunkte aus führen sollen.

Zeitlich am weitesten ausholend in der Behandlung des infanteristischen Angriffes tritt das Reglement 1888/89 auf, indem es:
(R. II, 79) „beim Angriff grundsätzlich zwischen dem Begegnungsgefecht und dem Angriff auf eine entwickelte zum Widerstand vorbereitete Front"
unterscheidet, und dann weiterhin im „Begegnungsgefecht":
(R. II, 80) „von den Unterführern dabei dasjenige Maß von Selbstthätigkeit" — ich würde hier den Ausdruck „Selbständigkeit" vorgezogen haben, f. Stud. V, 4) — „fordert, welches nur irgend zulässig ist, ohne daß der Zusammenhang mit dem Fortschritt der Gesammtentwicklung dadurch beeinträchtigt wird."

Daß und warum diese Ueberlegungen mir nicht in das Gebiet unserer vergleichenden Erörterungen zu gehören scheinen, habe ich gerade vorstehend entwickelt.

Der von dem Reglement gemachte Unterschied zwischen „Begegnungs- und geplantem Gefecht" fällt deshalb für unseren Vergleich insofern aus, als auch im „Begegnungsgefecht" die „Durchführung" hier nur unter dem Gesichtspunkte zur Sprache kommen kann, daß dieselbe — sei es auch nur für die kleinste Einheit („Compagnie an der Tete des Bataillons u. f. f.") — eine „geplante" ist, d. h. aus dem persönlichen Entschlusse des einen mit seiner Truppe „angreifenden" Anführers hervorgeht und lediglich seinen Anordnungen unterliegt.

Während nun weiter das Reglement in Bezug auf einen solchen geplanten Angriff sagt:
(R. II, 82) „In solchem Falle geht der Aufmarsch nach der Absicht des Führers dem Eintritt in das Gefecht voran,"
unterscheidet Malachowski:
(M., S. 260) „bei dem Angriff auf eine Position drei der Zeit nach ganz deutlich von einander getrennte Momente"
und sagt weiterhin:
(Ebenda) „der erste Moment ist die Einleitung des Angriffs und das Festsetzen vor der feindlichen Front durch die Avantgarden und die Artillerie",

ein Doppelact, mit welchem auch meiner Ansicht nach jeder Angriff großen Styls beginnen muß, von welchem aber doch das „Festsetzen mit Avantgarden", auch von Malachowski nur als ein wesentlich defensives Moment betrachtet wird, und deshalb nur indirect in unseren Vergleich gehört.

Immerhin muß ich diesen Act hier mit aufführen, weil Malachowski in diesem Zusammenhange zwei Punkte berührt, die allerdings von Bedeutung auch für den Angriff selbst werden, und denen gegenüber daher hier Stellung zu nehmen ist.

Der erste dieser Punkte betrifft das Vorhandensein von vor die feindliche Hauptstellung vorgeschobener Punkte, in Betreff deren Malachowski vor vereinzelten Versuchen ihrer Fortnahme (ehe die Gesammttruppe angriffsbereit ist) mit den Worten warnt:

(M., S. 261) „Der Avantgarde einen besonderen (!) Angriffsauftrag in dieser Periode zuzuweisen, kann nur dann unbedenklich geschehen, wenn die Gefahr eines vorzeitigen Herangehens an die feindliche Position auf entscheidende Entfernung (!) vollständig ausgeschlossen ist";

d. h. also im Sinne unserer seitherigen Deductionen gesprochen, wenn es sich dabei um einen isolirten, von der Avantgarde als „Gesammtangriffstruppe" durchführbaren eigenen Angriffsact handelt, wie z. B. die Fortnahme von St. Marie aux chênes, nicht aber die Fortnahme von St. Hubert, ein solcher war.

(Ebenda) „Im Allgemeinen ist festzuhalten, daß die Avantgarde eine Sicherungsabtheilung ist und weiter nichts (!) — — — Mit dem Aufmarsch des Gros endet ihr Bestehen." (!)

Indem ich mich mit diesen Aussprüchen in vollster Uebereinstimmung befinde, mache ich besonders auf die von mir mit (!) bezeichneten Momente aufmerksam, in Betreff deren der Herr Verfasser sich nicht überall in seinem Buche in gleicher Weise ausgesprochen hat und hier in einem entschiedeneren Widerspruche mit dem Reglement steht, als er das an anderen Stellen einräumt.

Ganz besonders tritt dies gegenüber den oben citirten Aussprüchen des Reglements über das Verhalten der Unterführer im Begegnungsgefecht, dann aber auch in dem Satze hervor:

(R.II,82,S.119) „Bieten sich im Gelände vor der Angriffsfront geeignete Stützpunkte dar, so hat sich der Angriff ihrer zunächst zu bemächtigen (!): unter dem Schutze solcher Stützpunkte finden die größeren Entwickelungen statt"; wo mindestens der Ausdruck „bemächtigen" die Absicht solcher „vereinzelter Acte von Avantgarden" nahe legt.

Ein zweiter Punkt betrifft die in die Zeit dieses „ersten Momentes" mit einbegriffene Orientirung.

Was Malachowski in dieser Richtung von der Aufgabe der Cavallerie sagt, stimmt wiederum vollkommen mit meinen Auffassungen besonders auch darin überein, daß es sich — beinahe noch mehr, als um die eigene Flankendeckung — darum handelt, vor Allem die feindlichen Flügel festgelegt, die frontale Breitenentfaltung des Gegners bestimmt zu sehen.

Damit ist dann aber auch meines Erachtens die Orientirungs-Aufgabe erfüllt, und ich kann Bestrebungen, die es zur Vorbedingung der Durchführung eines Angriffes machen wollen bis ins Einzelne über das zu durchschreitende Gelände aufgeklärt zu sein, wie solche Forderung neuerdings mehrfach erhoben ist, nur für unkriegsgemäß erklären; es müßte doch ein merkwürdiger Feind sein, der sich in dieser Weise mehr absehen ließe, als man schon aus einer leidlich guten Karte entnehmen kann.

Vorwürfe, die der Führung auf Grund solcher (nicht erfüllten) Voraussetzungen neuerdings vielfach (auch) von Malachowski) gemacht werden, sind durchaus ungerechtfertigt, weil Unmögliches verlangend; sicherlich ist solche „Kenntniß des Geländes" sehr nützlich, und wer sie besitzt oder erlangen kann, wird sie auch ausnutzen; keineswegs aber gehört dergleichen mit zum Wesen des Erfolges, ganz abgesehen davon, daß solche vorherige Orientirung ja im Angriff auf einen sich bewegenden Feind überhaupt ganz fortfallen muß.

Der höhere — den Angriff befehlende — Führer muß denselben so ansetzen, daß er sicher sein kann, den Gegner in dieser Angriffsrichtung zu treffen, d. h. sie so wählen, daß der Gegner ihm in dieser Richtung entgegentreten muß.

Die niedere Führung aber kann in der Durchführung immer nur mit dem ad hoc angetroffenen, nicht, weder mit einem bekannten, noch gar mit einem selbst aufzusuchenden „Gelände" rechnen.

Deswegen gerade muß diese „Durchführung" unabhängig vom Gelände functioniren, oder wir schrauben die Infanterie-Taktik (Gefechts-Führung) in Bezug auf den Einfluß des „Geländes" nicht um „drei Jahrzehnte", sondern um mehr als ein Jahrhundert zurück.

Das rauchschwache Pulver wird heutzutage die Gefechtsführung meist in erhöhtem Grade dazu nöthigen, ihre Angriffsrichtung immer entschiedener nur „dem Plane des Ganzen entsprechend" (wie Malachowski richtig sagt: siehe seine „Schlüsselpunkte") zu wählen und dadurch dem Feinde „das Gesetz zu geben, sich ihr in dieser Richtung entgegenstellen zu müssen"; nicht aber wird es ihre Aufgabe sein, wie man es oft verlangt und es doch immer unerreichbar bleiben wird, lediglich nach einem „günstigen Gelände" für diese Angriffsrichtung zu suchen.

Die (niedere) Kampfanführung aber muß in der Lage sein, sich mit jedem Gelände abzufinden und dazu ein „Verfahren" besitzen, welches ihr erlaubt, gebotene Gelände-Gunst ebenso leicht auszunützen, als ihre Ungunst zu überwinden.

Wir gelangen zur ersten eigentlichen Angriffsthätigkeit, dem Einsatze der Artillerie gegen die feindliche Artillerie, wo eben diese Waffe für solchen Zweck verfügbar ist.

Ich wiederhole, wie es meine Auffassung von der Sache ist, daß, wenn es in diesem Kampfe der eigenen Artillerie gelungen ist, die feindliche definitiv zum Schweigen zu bringen oder doch derart in Anspruch zu nehmen, daß der Gegner nicht im Stande ist, sich von ihr ab gegen die angreifende Infanterie zu wenden — Alles geschehen ist, was man von Rechtswegen von dieser Waffe verlangen kann.

Weder verkenne ich deshalb den Werth, den es für den Infanteriekampf haben wird, wenn nach Erfüllung dieser ersten Aufgabe die eigene Artillerie auch im Stande ist, ganz oder theilweise, ununterbrochen oder stellenweise, ihr Feuer gegen die feindliche Infanterie zu richten, noch bin ich der Thor, diese Hülfe, wie Malachowski glauben machen will, ablehnen oder nicht erwarten zu wollen wo sie in Aussicht stände.

Auf das Bestimmteste aber verwahre ich mich dagegen, daß man die vorangegangene Lösung dieser zweiten artilleristischen Aufgabe, sogar bis zu dem Grade einer „erkennbaren Erschütterung der gegnerischen Infanterie" zur **Grundbedingung** der näheren Heranführung stärkerer eigener Infanteriekräfte an den Feind machen will.

Ich bleibe dabei, eine Infanterie, die sich nicht zutraut, eine der **Mithülfe ihrer Artillerie** beraubte feindliche Infanterie, **auch ohne Mithülfe der eigenen Artillerie**, anzugreifen — hat als Hauptwaffe abgedankt.

Nicht den Vorwurf hat man nach 1866/70 unseren Infanterieführern gemacht, daß sie nicht abgewartet haben, bis unsere Artillerie auch die feindliche Infanterie „sturmreif" gemacht hätte, sondern nur den, daß sie vor Niederkämpfung der feindlichen Artillerie „zu stürmen" versucht haben.

Die zweite Anforderung hat erst die „neuere Schule" von da ab zu stellen angefangen, wo sie nicht mit sich selbst in's Reine kommen konnte, wie die Infanterie **allein** die „Sturmreife des Gegners" herbeiführen solle.

Wie dem nun aber auch sei, jedenfalls kann zunächst als **allgemein** zugestanden betrachtet werden, daß die Zeit dieses „ersten Geschützkampfes" zugleich als die Zeit des infanteristischen Aufmarsches der „Gros" — im Gegensatze zu den behufs „Artilleriedeckung" bereits vorgeschobenen „Avantgarden" gilt.

An den Aufmarsch schließt sich als erste rein infanteristische Angriffsthätigkeit die Entwicklung.

Nur Malachowski und die Studien unterscheiden zwischen „Aufmarsch" und „Entwicklung" als zwei bewußt getrennten Momenten in dieser Thätigkeit.

Reglement und Militair-Wochenblatt kennen und anerkennen nur den „Aufmarsch", als Uebergang aus der im Wesentlichen fadenförmigen „Marschcolonne" zu einer mehr oder weniger massirten, räumlich näher oder weiter zusammengeschobenen „Bereitschaftstellung", aus welcher eine „Entwicklung" nicht als selbständiger Gesammtact, sondern nur „nach Maßgabe des Bedarfs", nach und nach durch weitere Vorsendung einzelner „Truppeneinheiten mit selbstständigem Auftrag" erfolgt (f. Stud. III).

Insofern der „Aufmarsch", auch wo er als Vorstufe einer eigenartigen „Entwicklung" aufgefaßt wird, unter Umständen übersprungen werden, die „Entwicklung" sich unmittelbar aus „Marschcolonnen" vollziehen kann, beginnt erst mit der Frage nach der Entwicklungs-Ordnung, bez. Anordnung, die Scheidung der oben erwähnten „Schulen" eine grundsätzliche zu werden, um dann in dem aus der Entwicklung sich ergebenden „Verfahren" ihren Höhepunkt zu erreichen.

Unser Vergleich richtet sich zunächst auf die Frage nach:
a. dem Zeitpunkt für diese Entwicklung.
Da heißt es:

(R. II, 66) „Die angenommene Theilung (in die drei großen Tiefengruppen von Avantgarde, Gros und Reserve) wird im Verlauf des Gefechtes nicht beibehalten werden können. Zunächst wird der zur Durchführung bestimmte Theil auf einmal oder nach und nach mit dem zur Einleitung verwendeten zusammenwirken und endlich wird auch die Reserve nach Bedarf — — — einzusetzen sein.

Fast immer wird diese (grundsätzlich nur allmählig eintretende) Verschiebung eine Verbreiterung der Gefechtsfront veranlassen."

Daß das Reglement auch sonst einen, von der „Durchführung" äußerlich sich abhebenden, selbständigen Act der „Entwicklung" im hier gebrauchten Sinne nicht anerkennt, ihm vielmehr „Durchführung und Entwicklung" nur Hand in Hand gehen (s. Stud. III, 4), beweisen ebenfalls die Stellen II 82, 99, 103, 112, die sämmtlich nur dieser „Allmähligkeit" Ausdruck geben.

Malachowski zollt diesem „Organisationsprincip der Auftragstaktik" (S. 268), welches nur nach der Ordre de bataille „disponirt", d. h. „die Kräfte immer nur nach erkanntem Bedarf einsetzt", im Gegensatze zu der „Norm", nach welcher „vom obersten Anführer für den gegebenen Einzelfall das Verhältniß der Breiten- zur Tiefengliederung seiner Gesammttruppe jedesmal ausdrücklich festgestellt wird", seinen vollen Beifall; bekämpft dann aber doch wieder auch „das falsche Sparsamkeitsprincip des Reglements" in den oben von mir aufgeführten Sätzen und verlangt an Stelle desselben:

(M., S. 308) „daß die Führung gegen den Angriffspunkt vom Beginn des Angriffs an mit möglichst großer Ueberlegenheit auftrete" und daß

(M., S. 263) „die Infanterie (in ihrer Gesammtheit) sich nun (d. i. mit dem Beginn des Artilleriekampfes) in der Breite entwickelt."

Daß das etwa genau das Gegentheil des 88er reglementarischen Entwicklungsprincipes der allmählichen Verbreiterung bildet und eine verzweifelte Aehnlichkeit mit der Forderung der „Revuetaktiker" aufweist, daß die „Entwicklung" der „Durchführung" vorangehen müsse, kann ihm zwar nicht entgangen sein, ändert aber nichts an seinem nun einmal feststehenden Standpunkte.

Von ganz anderen Gesichtspunkten aus betrachten die Studien die Frage nach dem Zeitpunkte der ersten Entwicklung, den sie in erster Instanz von dem Augenblicke des Eintrittes in das feindliche Feuer abhängig erklären, eine Nothwendigkeit, welche zwar Reglement und Malachowski gleichfalls kaum werden verkennen können, darüber aber ohne besondere Erwähnung fortgehen.

Es ist bekannt, daß gerade aus dieser Nothwendigkeit die Unmöglichkeit sich ergiebt, die „Entwicklung" nur auf dem Wege der „Ertheilung selbständiger Aufträge" Platz greifen zu lassen.

Die Stellung des Militair-Wochenblattes zur Frage ist aus den früher besprochenen Artikeln nicht zu entnehmen, im Allgemeinen dürfte sie mit derjenigen des Reglements zusammenfallen; interessant wäre es immerhin gewesen, zu erfahren, wie sich der Herr Referent das Herabsteigen der drei „nachgeführten Bataillone der Hauptmasse der Brigade" von den Höhen von Y nach dem Thalanfang der „Mulde" denkt?

Wann nun aber auch nach diesen verschiedenen Auffassungen der Moment der Entwicklung einer Gesammt-Angriffstruppe oder auch nur einzelner Theile derselben gekommen sein mag, mit dem Eintritt dieser einen Einheit in die selbstthätige Action tritt die Frage an sie heran nach

b. ihrer Breiten-Entwicklung in Front,

als derjenigen „Form", in welcher allein ihre Thätigkeit sich äußern kann.

Die meines Erachtens maßgebenden Gesichtspunkte für diese Breitenentfaltung habe ich in den Studien dahin zusammengefaßt, daß
(St. II, S. 33) „für die frontale Breitenentfaltung im Angriff zunächst die frontale Breitenentfaltung des Defensivfeuers maßgebend sei, und der Angriff nicht gelingen werde, wenn die Heranführung in wesentlich schmälerer Front vorbringe, als die Vertheidigung ihr entgegensetze".

Angesichts des Umstandes, daß „die Einzelordnung (Schützenlinie) heutzutage die einzig noch in erster Linie anwendbare Kampfform der Infanterie" ist, jeder solchen „Breitenentfaltung" deshalb auch eine gewisse „Tiefengliederung" entsprechen muß: war dann
(St. II, S. 35) „die Höchst=Breitenentfaltung einer Angriffseinheit auf ein Dritttheil bis ein Viertheil soviel Meter begrenzt, als diese Einheit Feuergewehre zählt."

Wo zwischen diesen beiden Grundanforderungen wegen thatsächlich bestehender numerischer Schwäche der verfügbaren Gesammtkraft ein Conflict entsteht, bleibt das erste Gesetz das wichtigere (d. h. mit anderen Worten: für den Erfolg des Angriffes liegt die größere Gefahr im Umfaßtwerden!); umgekehrt, wo dieser Conflict aus der Geländeconfiguration (Defilee) entspringt, arbeitet die „schmälere" Frontalentfaltung von selbst der dann gesteigerten Nothwendigkeit der Tiefengliederung in die Hand, macht aber darum solche Nothlage nicht minder bedenklich.

Während so in den Studien eine theoretisch begründete und praktisch geregelte Wechselwirkung zwischen der „Breiten= und Tiefengliederung" einer Truppe zum Ausgangspunkt für die erste Breitenentfaltung gemacht ist, und damit für jede beliebige Gesammttruppenstärke die Motive für ein gesundes Verhältniß zwischen Breite und Tiefe festgelegt erscheinen, giebt das Reglement für die Breitenentfaltung zunächst nur insofern einen allgemeinen Anhalt, als es facultativ bestimmt:

(R. II, 25) „Hiernach (d. i. um sich durch zu große (?) Frontausdehnung in der Tiefengliederung nicht zu sehr (?) zu schwächen) würde eine Compagnie in Kriegsstärke sich nicht erheblich über 100 m Frontraum auszubreiten haben."

(R. II, 115) „Für die durchschnittliche Frontausdehnung einer Brigade im Gefecht lassen sich Anhalte aus den Erfahrungen des Krieges entnehmen.

Die Gefechtsbreite einer Brigade zu sechs Bataillonen hat in der ersten Entwicklung etwa 1000 bis 1200 m zu betragen."

Für „Bataillon" und „Regiment" enthält sich bekanntlich das Reglement der Festsetzung auch nur solch' allgemeinster Anhaltspunkte in bestimmten Ziffern und verweist sie lediglich auf die für „Ausdehnung und Gliederung" überhaupt aufgestellten Sätze:

(R. II, 62) „Die Ausdehnung einer Truppe wird dadurch beeinflußt (wie?), daß sie entweder für sich ein selbständiges Gefecht durchzuführen hat (s. Studie I, 2), oder daß sie im engen Verbande mit anderen Truppen ficht. In letzterem Falle findet sie für beide oder einen ihrer Flügel Anlehnung";

(R. II, 67) „in der Einleitung des Gefechts muß die frontale Entwicklung eine verhältnißmäßig schmale sein (!)."

(R. II, 68) „Für eine im Anschluß an andere Truppentheile zum Gefecht berufene Truppe wird die Ausdehnung der Front meist gegeben sein. (?)"

„Die auf beiden Seiten angelehnte Truppe ist daher zur stärksten Frontentwicklung berechtigt (?)" u. dgl. m.

Man sieht, als allgemeinen Gesichtspunkt für die „Breiten-Entfaltung" kennt das Reglement nur den verfügbaren Platz bei gleichzeitigem Bestreben, die Front möglichst schmal zu halten; die Grenzen bleiben aber dem Ermessen jedes einzelnen in Front Platz findenden Unterführers überlassen.

Einigermaßen anders stellt sich Malachowski zu der Frage, indem er sagt:

(M., S. 263) „Die Infanterie entwickelt sich nun in der Breite; in der ersten Linie soviel Bataillone als Platz (!) haben, drei bis vier in der Regel pro Brigade, auch fünf.

Wir haben gesehen — — —, daß bei allen Angriffen flankirendes Feuer aus der Hauptposition sehr hinderlich ist (s. oben, Studie II, S. 33).

Die Schützenlinie wird mindestens gleich aus mehreren

ganzen Compagnien der Bataillone gebildet, auch ganze Bataillone werden zweckmäßig dazu verwendet."

An anderer Stelle spricht er sich dann aber gegen die vom Reglement für eine Compagnie festgestellte Grenze von 100 m Frontentwicklung aus, indem er bemerkt:

(M., S. 810) „Auf 100 m können nicht mehr als 100 Schützen Platz finden; warum der Rest der Compagnie einen Kugelfang bilden soll, ist nicht einzusehen: die Compagnie braucht soviel Meter Entwicklungsraum als sie Gewehre ins Feuer bringt, also nahezu das Doppelte" (s. wieder St oben).

Nach diesen soeben citirten Grundsätzen der Breitenentwicklung unterliegt es keinem Zweifel, daß jede später „zur Entwicklung" gelangende Einheit in ihrer Entwicklung auf denjenigen Raum beschränkt bleibt, den ihr die früher entwickelten Einheiten übrig gelassen haben; oder sich nur an die äußeren Flügel dieser bereits entwickelten Einheiten anhängen kann.

Da nun weiter Malachowski grundsätzlich, das Reglement mindestens facultativ die „Entwicklung in Schützenlinie" gleich für ganze Compagnien und Bataillone verlangt, bez. insofern gestattet, daß ja der Bataillonscommandeur nach reglementarischer Vorschrift „die Schützenentwicklung in die Hand der Compagnien legen" muß: da ferner keinerlei motivirte Gesetze (s. St. II, S. 35) ein „allgemeingültiges, vernünftiges Verhältniß zwischen Breiten- und Tiefengliederung einer aus Compagnien, Bataillonen u. s. w. zusammengesetzten Truppeneinheit im Verbande" festlegen, sondern auch das jedem Unterführer überlassen bleibt; da endlich das Reglement den Werth der „Umfassung", Malachowski die Wichtigkeit „starker Kraftentfaltung in erster Linie" ganz besonders betonen:

so kann es meines Erachtens gar nicht ausbleiben, daß die „Schützenmassentaktik", wie Reglement und scharfe Taktik, sie „reglematarisiren", ihren ersten Ausdruck, in einer übertriebenen Frontausdehnung und dennoch gleichzeitig vielleicht auch noch in einer Ueberfüllung dieser Front selbst finden wird.

Es erklärt sich daraus, warum das Reglement den Accent auf „anfänglich schmale Frontentwicklung" legt, die ich trotzdem mit Malachowski für ein falsches „Sparsamkeitsprincip" erachte.

Andererseits bildet dieses „Schmalheits=Princip" aber doch auch wiederum die einzige Gewähr für die Durchführung des, auch von Malachowski so hoch gestellten „Organisationsprincips der Perpendiculär=Taktik", deren „Befehlsgliederung nach der Tiefe" offenbar durch das Ausschwärmen ganzer Compagnien und Bataillone von Hause aus — schlechthin durchlöchert wird.

Dem einen wie dem andern Uebelstande ist meines Erachtens eben immer nur durch eine reglementarisirte Treffentaktik zu begegnen, welche einen allgemeingültigen Ausgleich zwischen „Breiten= und Tiefenentwicklung" einer Truppeneinheit auf Grund einer „brauchbaren vernünftigen Theorie" herstellen soll (s. Stud. II u. oben S. 57).

Ehe wir zu dieser andern Seite der „Gesammtentwicklung" (nach der Tiefe) übergehen, bleibt uns noch übrig, einen Blick auf das „Princip der Breitenentwicklung", wie es im Militair=Wochenblatt vertreten erscheint, zu werfen.

Als maßgebende Factoren treten uns hier einerseits die vom Reglement 1888 gezogene Ziffergrenze, andererseits die Geländegestaltung innerhalb dieser Gefechtsfront entgegen, um die „Breitenentfaltung" der einen Gesammttruppe in so viele Nachbar-Gruppen zu veranlassen, als sich auf dieser Gefechtsfront gedeckte Annäherungswege an den Feind „finden", deren Güte anscheinend dann weiter den Maßstab für die Stärkebemessung jeder dieser Einzelgruppen bilden soll.

Daß und warum ich mir auch von diesen Grundsätzen einen günstigen Erfolg nicht verspreche, habe ich schon oben (s. 4. u. 5) ausführlich entwickelt und brauche nicht darauf zurückzukommen.

Immerhin bleibt es aber doch eine interessante Erscheinung, wie wenig gerade die in erster Linie auf die „Geländedeckung" eingeschworene „neuere Schule" des Oberstlieutenant von Malachowski und das Reglement 1888/89 selbst, gerade da von solcher „Ausnutzung" sprechen, wo es so wichtig erscheinen müßte, ihre Stellungnahme zu der „Mulden=Theorie großen Styles" kennen zu lernen.

Darf man daraus schließen, daß Beide doch in Fällen „großer Schlachtangriffe" die Nothwendigkeit einräumen, eine unbegrenzte Geländedeckungssuche zu verwerfen!? Das verhindert freilich nicht, daß während das Militair=Wochenblatt meiner „Normaltaktik" vorwirft, ihre Verfahren führe zu einem Begräbniß erster Klasse, Malachowski meiner „Revuetaktik" nachsagt, sie suche nach Formen, um mit möglichst wenig Verlusten zu reüssiren!

Wenden wir uns zu der Frage der nothwendigen

c) Tiefen-Entwicklung im Angriff,

so sind die von den Studien als maßgebend erkannten Gesichtspunkte oben bereits besprochen, und der Leser findet die eingehende Motivirung dafür in Studie II.

Demgegenüber verlangt das Reglement (in II, 64) eine Dreigliederung nach der Tiefe in „Einleitungs-, Durchführungs- und Reserve-Truppe", die, wie das in Studie III ausführlich nachgewiesen ist, nicht sowohl eine Gliederung zur Durchführung eines bestimmten Angriffes (Kampfes), als vielmehr ein Erforderniß der Gefechtsführung bildet.

In Bezug auf die Infanteriegliederung zum Angriff selbst begnügt sich aber das Reglement nach Betonung der Nothwendigkeit „erster schmaler Frontalentwicklung" einfach nur mit der Bemerkung:

(R. II, 67) „Andernfalls gelangt man in der Durchführung zu ungebührlicher(?) Ausdehnung der Front oder zu vorzeitiger(?) Vermischung verschiedener Commandoverbände.

Bei den ersten Anordnungen für die Entwicklung zu einem Gefecht (Angriff) entsteht also die Frage, wie tief man sich gliedern muß, und wie schmal man seine Front halten darf?"

Es liegt nur im System dieses Reglements (S. 3), daß es die Antwort auf diese Frage, ebenso wie die dafür geltend zu machenden Motive der „persönlichen Ansicht" jedes Einzelführers, bez. seines Kritikers überläßt.

Ueber den Standpunkt einer Warnung in „Breiten- und Tiefengliederung" nicht gewisse Grenzen (welche?) zu überschreiten, geht das Reglement aber grundsätzlich nicht hinaus.

Wenn auch anscheinend der Herr Referent des Militair-Wochenblattes darin weitergehende Wünsche hat, so hält doch auch er in dieser Beziehung an der „Gliederung" in Vortruppe und Hauptmasse (Reserve) fest, ohne auf das Stärkeverhältniß zwischen diesen beiden Gliedern, bez. zwischen „Breite und Tiefe" im Angriff, näher einzugehen.

Auf einen praktisch grundsätzlich verschiedenen Boden, wenn auch unter theoretischem Festhalt an der Auftrags- bez. Dispositionstaktik, stellt sich Malachowki, indem er ausführt:

(M., S. 268.) „Mit dem ökonomischen Princip (von vor 1870) war in größeren Verhältnissen, sobald die Lage sich genügend geklärt zeigt (d. h. doch wohl, sobald man sich zur „Durchführung eines bestimmten Angriffes entschlossen hat"), grundsätzlich zu brechen.

Es müssen stets hinreichende Kräfte zur Lösung einer Gefechtsaufgabe von vornherein disponirt werden; mit diesem Satze hatte das Reglement von 1870 mit der Sparsamkeitstheorie thatsächlich gebrochen, freilich ließ der Ausdruck ziemlich verschiedene Auffassungen zu (!).

Die Praxis von 1870 hatte ihm meist die richtige gegeben: ganze Compagnien, ganze Bataillone in die Feuerlinie (vergl. Rozericulles). Wo die Compagnie sich in größeren Verhältnissen in Schützen und Soutiens zerlegte, da haben sich beide Theile nicht selten erst nach Schluß des Gefechtes wiedergefunden, ein Jeder sich so lange als „Rest" der Compagnie angesehen."*)

Und weiter:

(M., S. 269.) „Die geschlossenen Abtheilungen nahe hinter der Schützenlinie hatten gerade soviel gelitten, wo nicht mehr wie diese. — —

Wo sie nicht Deckung im Terrain finden, da werden sie besser gleich mit in der Schützenlinie (!) verwendet, wo sie ihr Feuer wieder zur Geltung bringen können (!?), oder sie müssen auf wirksame Gewehrschußweite zurückgehalten werden (!); die Schützenlinie muß zum Angriff von vornherein stark gemacht werden."

Man sieht, auf ein Verhältniß zwischen Breiten- und Tiefenentwicklung kommt es auch dem Verfasser der „scharfen Taktik" nicht an!

---

*) Ob das anders wird, wenn die drei Züge der Compagnie von Hause aus auf 200 m Frontbreite auseinandergezogen auftreten — bezweifle ich!

Das Reglement hat ihm die „Front von Hause aus zu schmal" gehalten, er verbreitert sie, soweit „Platz ist", d. h. im Allgemeinen wieder „ohne Grenzen", und macht sie von Hause aus „so stark als möglich" durch Einschiebung aller Soutiens gleich in Schützenlinie.

Nach den Grundsätzen seiner „Frontalentwicklung" (200 m die Compagnie; 4—5 Bataillone der Brigade) dehnt sich damit entweder die Frontalentwicklung einer Brigade u. U. bis zu 4000 m aus, oder es entsteht eine zwei- und dreigliederige Schützenlinie!

Dabei ist er mit dem Reglement einig, was er zurückhält — weitab zurückzuhalten, und auch so das „Perpendicular-Princip der Unterstützung unter einheitlichem Befehl stehender Tiefenglieder" durch das „Reserve-System der Unterstützung durch selbständige Truppeneinheiten" ersetzen zu müssen.

Was Malachowski empfiehlt, stellt sich, wie er es empfiehlt, einfach als die „Taktik der wilden Horden" dar, in welcher für die „Befehlsgliederung" höchstens nur noch die „Atome der Einzelzüge" erkennbar bleiben, und in Betreff deren er in seinen früheren Abhandlungen nie recht weiß, ob er sie loben oder tadeln soll?

Es ist das Bild der französischen Revolutions-Kampfweise, nur mit dem Unterschiede, daß dort diesen ungeordneten „Schützenmassen" (Hoenig nennt das Schützenbrei) die Colonnen nahe auf folgen konnten; es ist das Bild der Friedericianischen Linienbataillone, wenn das peletonweise Chargiren in das „ungeordnete Plackerfeuer" ausgeartet war (s. 7), nur mit dem Unterschiede, daß was damals 2—300 Schritte vom Feinde eingetreten sein mag, hier schon auf 1000 und mehr Meter als Regel hingestellt wird.

Ich schließe diese Betrachtungen über die maßgebenden Gesichtspunkte, betreffend

die Gesammt-Entwicklung einer Truppe zum Angriff,

unter dem Eindrucke, daß weder das Reglement, noch das Militair-Wochenblatt, noch Malachowski sich in ihren Auseinandersetzungen über diese Frage darüber vollkommen klar geworden sind, in welchem praktischen Zusammenhange „Entwicklung zum Angriff" und „Verfahren im Angriff" stehen.

Mit dem Gebiete des
>Verfahrens im Angriff
betreten wir recht eigentlich das Hauptfeld der Meinungsverschieden=
heiten zwischen den von mir erwähnten Schulen, und damit des Con=
flictes zwischen „Norm und Selbständigkeit".

Was seither in dieser Richtung der „Entwicklungsfrage" gegenüber
hervorgetreten ist, entnimmt seinen Ursprung, wie seine Bedeutung in
erster Linie dieser Wechselbeziehung zur Frage nach dem „Verfahren".
Wie sich Jeder dieses „Verfahren" denkt, danach ordnet er die
„Entwicklung".

Als gemeinsamen Ausgangspunkt aller in dieser Frage hier
in Vergleich zu stellenden „Ansichten" schicke ich die beiden als
allgemeingültig anerkannten Sätze voraus:

(R. II, 18) „Das Infanteriegefecht wird der Regel nach durch
die Feuerwirkung entschieden"; und

(R. II, 19) „So wird der Schützenschwarm die Hauptkampf=
form der Infanterie".

oder wie ich es in früheren Schriften ausgedrückt habe (s. Stud. zur
neuen Infanterie=Taktik 1872"):

„Die Einzelordnung ist die factisch einzige Kampf=
formation der Infanterie geworden", und
„Der Infanteriekampf entscheidet sich im Feuer auf
wirksamste Schußweite".

Als dritte aus diesen beiden Sätzen abstrahirte und ebenso allseitig
anerkannte Wahrheit kann dann wohl der Satz aufgestellt werden,
daß es:

die Vorbedingung infanteristischen Offensiverfolges ist, die
Feuerüberlegenheit über den defensiven Gegner zu erringen,

und daß das infanteristische Offensivverfahren (die eigentliche Durch=
führung des Angriffes) in der Erfüllung dieser Vorbedingung
gipfelt, an welche sich der Sturm heutzutage dann nur noch als
ein Act von secundärer Bedeutung, gewissermaßen nur als
äußerlich erkennbare Besiegelung des errungenen Sieges anzu=
schließen hat.

Gegenüber den in den Studien (II, 3) als „Normalverfahren"
niedergelegten und hier nicht nochmals ausführlich zu wiederholenden

Vorschlägen: dieses Ziel durch das geregelte Ineinandergreifen der Thätigkeit von Schützen und nachgeführten (geschlossenen) Abtheilungen im möglichst ununterbrochenen Vorwärtsschreiten der Gesammtangriffstruppe geradeaus auf die feindliche Stellung zu erreichen, machen sich nun die hier zum Vergleich herangezogenen Gegenansichten unter zwei wieder in sich einander entgegenstehenden Gesichtspunkten geltend.

Während nämlich die Studien — darin in Uebereinstimmung mit dem Militair=Wochenblatt — unter dem Begriff „Hauptfeuerstellung" in dem von der Angriffstruppe zurückzulegenden Gesammtwege eine — natürlich nicht starr (!) festgelegte, sondern je nach der „feindlichen" und eigenen Bewaffnung und ihrer Wirksamkeit um g. F. hunderte von Meter verschiebbare — Grenzlinie annehmen:

> diesseits welcher die eigene Waffe nicht Treffsicherheit genug zu bieten verspricht, um wirklich selbst bei ausgiebigstem Munitionseinsatze den Gegner auch nur in gleichem Maße, geschweige mehr schädigen zu können, als er uns,
>
> jenseits deren wir es aber auch Angesichts der Treffsicherheit des feindlichen Gewehrs voraussichtlich nicht ohne Gefahr der Selbstvernichtung wagen können, im Ganzen oder mit größeren Bruchtheilen der Angriffstruppe ihm früher näher zu kommen, als bis wir
>
> von dieser Grenze ab die Feuerüberlegenheit über ihn errungen haben —

erkennen Reglement und scharfe Taktik solche Unterscheidung nicht an!

Mit anderen Worten: Studien und Militair=Wochenblatt zerlegen, sowohl aus „Uebungs"= als aus „Ernstfalls=Rücksichten", den von einer Angriffstruppe zu durchschreitenden Raum in zwei Etappen:

> vom ersten Ausgangs= bez. Entwicklungspunkte bis auf Hauptfeuerstation;
>
> von Hauptfeuerstation bis in die feindliche Stellung.

Die beiden anderen Ansichten verwerfen solche räumliche Trennung.

Während dann aber weiterhin die Studien — diesmal in Uebereinstimmung mit Oberstlieutenant von Malachowski — den Gesammtangriff gewissermaßen in einem Zuge von der Ge=

sammttruppe durchgeführt sehen wollen, unterscheiden — jetzt Reglement und Militair-Wochenblatt zusammenstimmend — nach Krafteinsatz und Zeitausnutzung:

die gesonderte Thätigkeit einer Vortruppe,
von derjenigen der Haupttruppe.

Mit anderen Worten: Reglement und Wochenblatt zerlegen den einen Gesammtangriff in zwei Perioden, die beiden anderen Ansichten verwerfen solche zeitliche Trennung.

Mit Malachowski stimme ich darin überein, daß die Kraft des Angriffes in seiner ersten Linie gesucht werden muß, und finde mit ihm darin „den reinen Begriff der Schützenmassentaktik". Aber unsere Wege scheiden sich über die Frage, wie diese Kraft denn auch bis zuletzt auf ihrer nothwendiger Weise doch überlegenen Höhe erhalten werden kann?

Mit dem Wochenblatt stimme ich darin überein, daß auf dem Wege des Angriffs sich eine ganz bestimmte („entscheidende") Grenzmarke findet und sehe mit ihm in ihrer Erreichung „den Schwerpunkt der neueren Angriffsmethode". Aber unsere Wege trennen sich in Betreff der Frage, wie diese Scheide zu erreichen und zu übersteigen ist?

Wenngleich nun aber das Reglement den „Begriff der Hauptfeuerstellung" nicht kennt, Malachowski ihn sogar als „revuetaktisch" verwirft, so ist trotzdem von Beiden füglich nicht anzunehmen, daß sie sich Angesichts dessen, was sie selbst über die Nothwendigkeit einer Feuerüberlegenheit sagen, der Illusion hingeben, die Feuerüberlegenheit schon auf einen wesentlich weiteren Abstand vom Feinde erringen zu können, als auf **wirksamste Schußweite** (Einzelschußentfernung der Schießvorschrift), d. h. eben „Hauptfeuerstellung".

Malachowski spricht das an verschiedenen Orten ziemlich bestimmt aus, das Reglement deutet es mindestens mehrfach an; aber nur das Wochenblatt und die Studien machen die Erreichung solchen Abstandes zur grundsätzlichen Bedingung des Erfolges einem ebenbürtigen Feinde gegenüber und damit zu einer Uebungs-Grundlage.

Ebenso sicher steht fest, daß Malachowski und die Studien sich nicht der Illusion hingeben, diese Feuerüberlegenheit unter **Stärke-**

verhältnissen erringen zu können, wie sie das Reglement für diesen Zweck mit dem Begriff „Vortruppen" nur in Ansatz bringen zu wollen scheint (?), und wie das Militair-Wochenblatt (darin etwas minder zuversichtlich) sie mindestens doch für unter Umständen ausreichend erachtet.

Während Reglement und Wochenblatt die „Haupttruppe", nämlich mindestens bis zur „angebahnten (?) Schwächung des gegnerischen Feuers", weitab hinter der „Vortruppe" zurückhalten wollen, verlangt Malachowski die Verweisung „der Hauptkräfte gleich in erste Linie, und legen die Studien den Accent auf die ununterbrochene Unterstützung dieser „ersten Linie".

Aus sämmtlichen Vorschlägen geht endlich hervor, daß dieselben mindestens grundsätzlich einer „zusammenhängenden feindlichen Vertheidigungslinie gegenüber" an der Herstellung einer **zusammenhängenden** Angriffslinie festhalten wollen.

Das Reglement giebt diesem Gedanken durch die Forderung Ausdruck, daß „dem geplanten Angriff der Aufmarsch nach der Absicht des (obersten) Führers vorangehen" müsse, und deutet den „vorausgesetzten" Zusammenhang wohl auch in der Schilderung des Sturmverfahrens (S. 120) ziemlich bestimmt an.

Das Militair-Wochenblatt vertritt dies Verlangen schon durch die Forderung einer „Hauptfeuerstellung" und die Art und Weise (f. 4), wie es dieselbe „besetzen" will.

Malachowski spricht sich mit aller Bestimmtheit gegen „vereinzelte Versuche" aus, und beabsichtigt doch sicherlich, auch seine „alsbald ganz in erster Linie entwickelten vier bis fünf Bataillone einer Brigade" auch möglichst einheitlich an den Feind zu bringen.

Daß die Studien sogar den „Schwerpunkt auf solche Einheitlichkeit" legen, zählt ja mit unter die ihnen gemachten Vorwürfe.

Bei aller theoretischen Uebereinstimmung über diese drei Punkte: „wirksame Nähe, numerische Ueberlegenheit, Zusammenhang", sind es nun aber doch allein die Studien, die vorbehaltslos und zweifelsfrei den (seit 20 Jahren von mir verfochtenen) Standpunkt vertreten, daß das praktische Geheimniß des heutigen Infanterie-Erfolges in erster Linie:

in der Erreichung und durch fortgesetzten Nachschub gesicherten Besetzung einer dem Feinde auf wirksamste

Schußweite gegenüberliegenden, zusammenhängenden Stellung mit überlegenen Kräften beruht.

Diesem Grundsatze gegenüber betont doch nur das Militair-Wochenblatt: die wirksame Nähe, Malachowski: die nöthige Stärke, indeß das Reglement Abstand und Stärke in suspenso läßt und vielleicht gerade dadurch am meisten die von Malachowski und dem Wochenblatt als Mißstand empfundenen „Zweifel und verschiedenen Auffassungen" erzeugt hat.

Mittlerweile hat sich nun aber doch, trotz reglementarischer Uebergehung und Malachowski'scher Widersprüche, zunächst mindestens der Begriff einer Hauptfeuerstellung in dem hier bereits wiederholt dargelegten Sinne in der Armee ein Bürgerrecht errungen, welches mindestens in dieser Richtung die seitherigen Unklarheiten abzumildern verspricht.

Worüber aber „Zweifel und verschiedene Auffassungen" sich ungeschwächt erhalten haben, ist die Frage:

wie auf solchen „Entscheidungsabstand" die genügenden Kräfte herangeführt und bis zu erreichtem Erfolge erhalten werden sollen?

Daß diese „Heranführung" zunächst nur in der Form der Schützenlinie erfolgen kann, darüber sind freilich alle Stimmen wohl ebenso einig, wie darüber, daß die Sache damit allein doch noch nicht abgethan ist.

„Worauf es ankommt?" ist nämlich dann weiterhin die schließlich immer unvermeidlich werdende Frage, wie diese — sei es „so nah oder so weit", „so dicht oder so weitläufig", als man will, bez. als es im Ernstfalle möglich erscheint — „vorgeführte Schützenlinie" — **verstärkt** werden soll und kann?

Ueber diese Lebensfrage der infanteristischen Durchführung sagt zunächst das Reglement, offenbar mehr bündig als erschöpfend:

(R. II, 82) „Sind die Schützen auf nahe Entfernung an die feindliche Stellung herangegangen, so müssen die Unterstützungstruppen in thunlichster Nähe dahinter zum unmittelbaren Eingreifen bereit sein."

Das Militair-Wochenblatt „verwandelt" nöthigenfalls die „im Kriechverfahren" nahe an die feindliche Stellung vorgeführte „dünne Schützenlinie" dadurch in eine „dichte", daß

(W. 44, 92, „diese (verstärkende Haupttruppen-) Masse sich in dichter
S. 1200) Schützenlinie mit folgenden geschlossenen Abtheilungen be=
wegt," und

„nicht eher feuert, als bis sie die Linie der Vortruppen
erreicht hat";

und will dann beide ineinander aufgegangene Schützenlinien
„wellenförmig vortreiben".

Malachowski endlich macht sich die Sache am leichtesten, indem er „alle Unterstützungen gleich von Hause aus in erste Linie dis= ponirt", „Soutiens nur als Kugelfänge" bezeichnet, und auf die Frage, wie denn eine solche ohne alle Rücksicht auf die natürlichen Raum= bedürfnisse einer „Schützenlinie" angehäufte „Masse" verfahren soll, einfach antwortet:

(M., S. 263) „Häufen sich die Verluste der Infanterie-Schützenlinie, so legt sie sich nieder (aber sie bricht nicht zusammen!) und beginnt nun auch ihrerseits ihr Feuer auf den Feind, bis er sich duckt und mit seinem Feuer nachläßt und un= sicher wird.

Nun beginnt die Initiative der Unterführer.

Wo sich Deckung findet oder der Feind gegenüber sich erschüttert zeigt, da wird ein Theil der Schützenlinie weiter vorwärts gebracht und die benachbarten Abtheilungen schließen sich dem Vorgehen möglichst bald an. Die Bataillons-Commandeure und Compagnieführer der vor= dersten Linie sorgen überall für den Zusammenhang der Bewegung. Aus jeder Feuerstellung haben die Führer bereits ihr Augenmerk auf die demnächst zu erreichende zu richten u. s. f.*)"

Während hiernach offenbar Reglement und Wochenblatt die wich= tige „Unterstützungs-Frage" dadurch umgehen, daß sie einfach diese Unterstützungen „Anfangs weit ab" (außer feindlicher Schußwirkung)

---

*) Nebenbei bemerkt, beweisen diese Sätze auf's Klarste, daß Oberstlieutenant von Malachowski meine „Reglementarischen Studien" überhaupt gar nicht ge= lesen haben kann; er würde doch sonst kaum so ohne Weiteres an dieser dort schon Punkt für Punkt von mir, als unausführbar nachgewiesenen phan= tastischen Beschreibung des Angriffs-Verfahrens haben festhalten können.

zurückhalten, dann aber doch „rechtzeitig nahe heran" sein lassen, ohne davon Notiz zu nehmen, daß ja gerade dieser Gegensatz den „Schwerpunkt der ganzen Frage" bildet, unterdrückt Malachowski dieselbe einfach dadurch, daß er Unterstützungen für schlechthin unnöthig erklärt, wenn „gleich die Hauptkräfte in erster Linie disponirt" sind!

Hoenig's „Kämpfe um die Manceschlucht" zeigen uns ebensosehr, wohin diese „Malachowski'sche Schützenmassentaktik", wie jenes „Reglementarische Trennungsprincip in Vor- und Haupttruppe" führt — und wieder führen muß; zeigen uns weiterhin, daß weder die „Selbständigkeit der Unterführung" noch die „Muldentheorie" an diesen Verhältnissen etwas ändern kann!

Ich muß es dem Leser anheimgeben, ob er Angesichts dieser Darlegungen an dem Rufe: „Fort mit der Norm, dem Schema, der Revuetaktik!" den Studien gegenüber um deswillen festhalten will:

> weil sie den beregten Schwierigkeiten dreist ins Auge zu sehen, nicht sie bloß todtzuschweigen gewagt haben, und weil sie dabei zu der Ueberzeugung gelangt sind, daß nur die festeste Regelung des Verhältnisses zwischen Schützen und Unterstützungen im beiderseitigen Verfahren,

die Lösung einer Aufgabe verbürgen kann, welche durch die oben citirten Vorschläge sicherlich nicht als gelöst betrachtet werden darf; ohne deren Lösung aber auch der Erfolg lediglich dem Zufalle überlassen bleibt.

Als Grundlage (Princip) dieser „Regelung" haben die Studien die Bestimmung aufgestellt, daß

> das Feuer der Schützen da einspringen muß, wo die Bewegung der Unterstützungen in „Gelände und Entfernung" keine ausreichende Deckung mehr findet, und daß umgekehrt die Unterstützungen da einspringen müssen, wo das Feuer der Schützen nicht mehr ausreicht, die Gesammtbewegung im Fluß zu erhalten,

und als Mittel dazu: die Reglementarisirung

> des sprungweisen Vorgehens der Schützen und des ununterbrochenen Vorgehens der Unterstützungen im gegenseitigen Treffenverhältniß

vorgeschlagen.

Indem ich diese Vorschläge dem Urtheil des denkenden militairischen Publikums unterbreite und ihm die Entscheidung darüber, ob „diese Methode die richtige ist oder nicht", durchaus überlasse, betone ich noch einmal, daß ich damit nur ein Princip, keineswegs eine starre Form „reglementarisirt" habe und deshalb wohl mit Recht gegen die Kampfweise derjenigen Protest erheben kann, welche jeder ernsten Prüfung in diesen Fragen, immer nur mit den Phrasen von „Schema, Normalangriff, Revuetaktik u. dgl." entgegentreten und da nur mit Schlagworten zu widerlegen suchen, wo es sich um Sieg, Blut und Ehre handelt.

Ich glaube kaum, daß ich meinen „Vergleich" noch weiter zu führen nöthig habe.

Der Kernpunkt der Frage ist in den vorigen Sätzen bloßgelegt, was darüber hinausliegt, ist im Verhältniß dazu nur Nebensache.

Wer mit den Studien einig wird über den Kern, der verständigt sich auch leicht über die weiteren Einzelheiten; wer darüber nicht einig wird, für den hat das Andere erst recht keine Bedeutung.

So steht es beim Leser, sich zunächst der Grundfrage gegenüber zu entscheiden, wo er die Wahrheit zu finden glaubt.

9. Schlußwort.

Ich habe mich in den vorstehenden polemischen Erörterungen mit zwei unstreitig zu den überzeugtesten gehörenden Vertretern der „neutaktischen" Schule auseinander zu setzen versucht; ich glaube kaum, daß hinter ihnen noch wesentlich „intakte", d. h. hier nicht bereits mit in die Debatte gezogene, „geistige Reserven" stehen werden.

Was irgend gegen „Normal- und Revuetaktik" vorzubringen gewesen, ist von ihnen ins Feuer geführt worden, und es handelt sich jetzt nur noch um die Frage, inwieweit das militairische Publikum geneigt ist, meine Vorschläge unter jenen Begriff unterzubringen?

Schwerlich wird es auch fernerhin an Versuchen fehlen, diesen „positiven Vorschlägen" nicht sowohl direct entgegenzutreten, ihre „Undurchführbarkeit" praktisch zu beweisen, ihre „Begründung" logisch zu widerlegen, als vielmehr nur indirect an diesem oder, jenem Detail, an diesem oder jenem Ausdrucke Anstoß zu nehmen um durch den Krieg gegen die Nebensachen dem Leser die Hauptsache aus den Augen zu rücken.

Das Recept zu diesem kleinen Krieg liegt fertig vor, wenn Oberstlieutenant von Malachowski sagt:

(M., S. 287) „In der Literatur wurde die normaltaktische Richtung auf philosophischer Grundlage in erster Linie durch v. Scherff vertreten. Eine mathematische Kriegskunst hatten wir gehabt, ebenso Ansätze zu einer orographischen und geognostischen; eine philosophische mit formal logischen Operationen war neu.

Bei vielem Zutreffenden im Einzelnen, bei viel richtiger Kritik konnte die Richtung im Ganzen keine Erfolge haben; ihre positiven Resultate erweisen sich nicht als kriegsbrauchbar und konnten es nach der Art ihrer Abstraction nicht wohl sein.

Es mag nicht in der Absicht des Verfassers gelegen haben, aber die Art der Darstellung (!) führte dazu, daß sie meist als Arkana angesehen und versucht wurden.

General v. Scherff vertritt die Entwicklung der reinen Taktik (!); der Versuch, aus ihr praktische Resultate zu gewinnen, mußte in unlösbare Schwierigkeiten verwickeln."

Daß solche „unlösbare Schwierigkeiten" sich dem Reglement 1888/89 nicht entgegenstellen, welches, wie der Herr Verfasser es fünf Seiten früher rühmend hervorhebt, „sich auf die reine Höhe scharfer Taktik gestellt hat" — liegt offenbar daran, daß es hier „scharfe", dort „Revuetaktik" nach Malachowski'scher Auslegung ist, um deren „Reinheit" es sich handelt!

Lediglich um dieses Zweckes willen ist ja wohl nur dieser Unterschied erfunden, genau so, wie der weitere „Unterschied" als schlechthin entscheidend hingestellt wird, wenn der Herr Verfasser fortfährt:

„Ihm gegenüber ist als Hauptvertreter der angewandten Taktik in der Literatur General von Verdy zu nennen" —, obgleich eben gerade der „Unterschied", daß dieser „angewandte", ich aber „Elementar-Taktik" behandele, es ausschließen müßte, mich mit Verdy in literarischen Gegensatz zu stellen.

Man sieht, nach diesem Muster läßt sich noch lange mit gleich „aufklärendem" Erfolge weiter arbeiten! Man wird es aber begreiflich finden, wenn ich mich nur darauf beschränke, die Axt an die Wurzel solcher „Lehren" zu legen und mich nicht darauf einlassen kann, jeden aus derselben neu aufschießenden Trieb mit „logisch-philosophischem" Messer abzuschneiden.

Nach wie vor aber bleibe ich darum doch auf dem Standpunkte stehen: allerwegen die wichtige Frage, die uns hier beschäftigt hat, lieber mit derjenigen „Pedanterie" zu behandeln, die nach v. Malachowski's Vorwort zwar „eine charakteristische Neigung unseres deutschen Volkes zu bestimmten Abwegen" bilden soll, es aber auch andererseits verhindert, daß man mit einer Leichtherzigkeit die ihre Kraft mehr aus der Ueberfülle vager Vorstellungen, als aus der gediegenen Prüfung von Thatsachen schöpft, an Dinge herantritt, in welchen, nach dem wahren Worte des Militair-Wochenblattes:

eine falsche Auffassung uns in den Zukunftsschlachten unnütze Ströme Blut kosten, und was noch mehr ist, den Sieg in Frage stellen wird!

Druck von C. G. Röder in Leipzig.

Verlag von Friedrich Luckhardt in Berlin SW.,
Königgrätzerstraße 53.

Zu meinem Verlage erschien und ist durch alle Buchhandlungen zu beziehen:

Oliver Cromwell

von

Fritz Hoenig.

I. Band.	1. Theil: 1599—1642 2. Theil: 1642—1646	. . . . . . **Preis 12 Mark.**
II. Band.	3. Theil: 1646—1650	. . . . . . „ 6 „
III. Band.	4. Theil: 1650—1658	. . . . . . „ 10 „

Mit 13 Plänen und 2 Facsimiles.

Preis elegant geheftet 28 Mark, elegant gebunden 35 Mark.

Militärische Schriften von Fritz Hoenig:

24 Stunden Moltke'scher Strategie entwickelt und erläutert an den Schlachten von Gravelotte und St. Privat am 18. August 1870. Erste eingehende Darstellung der Kämpfe der 1. Armee an der Manceschlucht. Mit 2 Karten. Zweite Auflage.
Mk. 7,50.

Das große Hauptquartier und die Oberkommandos am 17. und 18. August 1870. Mit einer Uebersichtsskizze. 4. Auflage. Mk. 1,50.

Der Kampf um die Steinbrüche von Rozerieulles in der Schlacht von Gravelotte am 18. August 1870. Mit einer Karte. 4. Auflage. Mk. 1,—.

Untersuchungen über die Taktik der Zukunft, entwickelt aus der neueren Kriegsgeschichte. Zweite vollständig umgearbeitete und vermehrte Auflage der „Zwei Brigaden." Mit 1 Skizze im Text und 3 Planskizzen. 3. Auflage. Mk. 6,—.

Die Gefechte von la Garionnière und Villechauve am 7. Januar 1871. (Gefechtsbilder aus dem Kriege 1870/71. 1. Band.) Mit 1 Plan. Mk. 3,—.

Die politische und militärische Lage Belgiens und Hollands in Rücksicht auf Frankreich und Deutschland. Eine Studie. Mit 2 Plänen. Mk. 3,50.

Geschichte der Festung Weichselmünde bis zur preußischen Besitznahme 1793. Aus dem Kriegs-Archive des Großen Generalstabes. Mit 2 Skizzen. Mk. 2,—.

Ueber die Bewaffnung, Ausbildung, Organisation und Verwendung der Reiterei. Mk. 3,—.

Die Kavallerie-Division als Schlachtenkörper. Mk. 3,—.

Taktische Direktiven für die Formation und Führung der Kavallerie-Division. Mk. 4,—.

Zwei Brigaden. Mit 3 Skizzen und 6 Figuren im Text. Mk. 4,—.

Prinz Friedrich Karl von Preußen, General-Feldmarschall. Zweite Auflage.

von Obernitz, General der Infanterie, Kommandirender General des XIV. Armee-Korps, General-Adjutant Sr. Majestät des Kaisers und Königs, Chef des 3. Ostpreußischen Grenadier-Regiments Nr. 4, Ritter des hohen Ordens vom Schwarzen Adler 2c. Festschrift zum 50jährigen Dienstjubiläum. Mk. 1,60.

Ueber die Heranbildung der Einjährig-Freiwilligen zu Reserve-Offizieren. Mk. 1,—.

Die Wehrkräfte Frankreichs im Jahre 1885. Mk. 8,—.

Eine Wintertagswirklichkeit. Mk. 1,—.

Verlag von **Friedrich Luckhardt** in Berlin SW.,
Königgrätzerstraße 53.

In meinem Verlage erschienen nachstehende Werke von

R. von Arnim,
Oberst z. D.

Zur Taktik der Situation.
3 Hefte Mk. 7.50.

Inhalt des ersten Heftes: I. Bedeutung und Macht der „Situation". II. Zur „Logik" der Situation. III. Ueber den Einfluß, den die strategische Situation durchgehends auf das taktische Verhalten ausüben soll. IV. Die taktischen Maßnahmen an der Grenze, unmittelbar nach der Kriegserklärung. V. Taktische Maßnahmen bei Beginn der großen Operationen.
(Preis Mk. 1.50.

Inhalt des zweiten und dritten Heftes: I. Taktische Maßnahmen kurz vor dem Zusammenstoß der Hauptkräfte. II. Taktische Maßnahmen kurz vor einer beabsichtigten Defensiv-Schlacht (Situationen und Maßnahmen vor der Schlacht an der Lizaine). III. Taktische Maßnahmen vor einer beabsichtigten Offensiv-Schlacht (Taktische Maßnahmen vor der Schlacht von Custozza). — Der 4. und 5. August 1870. — Vormarsch zur Schlacht von Wörth. — Maßnahmen bei der I. und II. Armee vom 13. bis incl. 17. August. — 1) Beim Flankenmarsch in der Nähe einer feindlichen Armee, 2) bei Vorbereitung des Flankenangriffs auf eine zurückgehende Armee und 3) bei der Vorbereitung einer Offensiv-Schlacht gegen eine in sehr günstiger Stellung befindliche Armee. — Maßnahmen für den Flankenangriff am 16. August. — Der 17. August. Vorbereitung zur Entscheidungsschlacht. — Märsche und Maßnahmen vor der Schlacht bei Sedan. — Vormarsch zur Schlacht von Königgrätz. — Die Offensive der Republikanischen Armee 1870/71 und die deutschen Offensiv-Stöße dagegen. — Maßnahmen vor der Schlacht von Orleans. — Schluß-Betrachtungen.
(Mit Skizze der Schlacht an der Lizaine.) — (Preis Mk. 3.—.

Inhalt des vierten und fünften Heftes: Taktische Situationen und Maßnahmen in der Schlacht. I. Abtheilung: Die allgemeinen und elementaren Grundzüge der Schlachten-Taktik, entwickelt aus der Betrachtung der Rencontre-Schlachten von Custozza und Loigny. — II. Abtheilung: Die Schlacht von Loigny.
(Mit Skizze der Schlacht von Custozza. — (Preis Mk. 3.—.

Taktische Studien
über Maßnahmen bei der Einleitung und Vorbereitung der Hauptkämpfe in der Schlacht, angeknüpft an die Betrachtung der einleitenden Kämpfe in den Schlachten von Königgrätz, Orleans, an der Lhaine, bei Wörth, Gravelotte, St. Privat, Sedan, Beaumont, Vionville, Mars-la-Tour und Noisseville.
(Preis Mk. 7.50.

Inhalts-Uebersicht: Specielle Kampfsituation in der Schlacht. — Einleitende Bewegungen und Kämpfe am Schlachttage von Königgrätz: I. Armee, Elbarmee, II. Armee. — Rückblick. — Einleitungskämpfe in der Schlacht bei Orleans, verglichen mit denen der Schlacht an der Lizaine. — Schlacht bei Orleans. — Die Kämpfe an der Lizaine am 15. und 16. Januar. — Einleitungs- und Vorbereitungskämpfe bei Wörth. — Einleitungs- und Vorbereitungskämpfe in der Schlacht von Gravelotte. — St. Privat. — Einleitungs- und Vorbereitungskämpfe in der Schlacht bei Sedan, besonders beim 11. und 5. Korps. — Einleitungskämpfe des 4. Korps in der Schlacht von Beaumont. — Die Einleitungs- und Vorbereitungskämpfe in der Schlacht von Vionville. — Mars la Tour. — Situationen aus der Schlacht von Noisseville. — Rückblick. — Angriff. — Vertheidigung.

Die Schlachten-Taktik sonst und jetzt,
besonders mit Rücksicht auf die heutigen Aufgaben der Infanterie beim Angriff. Eine taktische Studie.
(Preis Mk. 1.—.

Zur Entwickelung der Taktik.
Zwei Essays über verschiedene der wichtigsten Fragen der neuesten Taktik. Separat-Abdruck aus der „Deutschen Heeres-Zeitung".
(Preis Mk. 1.—.

☞ Nach dem einstimmigen Urtheil der Fachpresse des Auslandes sind die v. Arnim'schen Werke auf dem Gebiete von maßgebender Bedeutung.

Verlag von **Friedrich Luckhardt**, Berlin SW.,
Königgrätzerstraße 53.

Für **Winterarbeiten** und **Vorträge** finden die Herren Offiziere erschöpfendes Material in den Werken von

Hermann Kunz
Major a. D.

1050 Themata für Winterarbeiten und Vorträge aus dem Gebiete der neueren Kriegsgeschichte nebst Angabe der besten Quellen. Mk. 2.—

Der Feldzug der ersten deutschen Armee im Norden und Nordwesten Frankreichs 1870/71. Mit 6 Skizzen. Mk. 4.—

Der Feldzug der Main-Armee im Jahre 1866. Mit 9 Plänen. Mk. 5.—

Die Schlacht bei Wörth. Mit 1 Plane. Mk. 3.—

Von Montebello bis Solferino. Mk. 3.—

Der Polnisch-Russische Krieg von 1831. Mit 5 Plänen. Mk. 4.—

Die militärische Fachpresse des In- und Auslandes hebt bei den Arbeiten des Majors Kunz als besondere Merkmale hervor: Klarheit der Darstellung, Uebersichtlichkeit der Anordnung des Stoffes, Kürze und Prägnanz des Ausdrucks, Richtigkeit der taktischen Urtheile.

☞ Die Arbeiten des Majors Kunz eignen sich
☞ daher ganz vorzüglich zur Benutzung der Herren
☞ Offiziere für Winterarbeiten und für Vorträge.

To avoid fine, this book should be returned on
or before the date last stamped below

STANFORD UNIVERSITY LIBRARIES
STANFORD AUXILIARY LIBRARY
STANFORD, CALIFORNIA 94305-6004
(650) 723-9201
salcirc@sulmail.stanford.edu
All books are subject to recall.
DATE DUE

JUN 24 2001
MAY 14 2001